학교에서
알려주지 않는
인생 수업

학교에서 알려주지 않는 인생 수업

초 판 1쇄 2019년 01월 29일

지은이 김도사
펴낸이 류종렬

펴낸곳 미다스북스
총　괄 명상완
에디터 이다경

등록 2001년 3월 21일 제2001-000040호
주소 서울시 마포구 양화로 133 서교타워 711호
전화 02) 322-7802~3
팩스 02) 6007-1845
블로그 http://blog.naver.com/midasbooks
전자주소 midasbooks@hanmail.net
페이스북 https://www.facebook.com/midasbooks425

ISBN 978-89-6637-638-4 43190

값 **15,000원**

미다스북스는 다음세대에게 필요한 지혜와 교양을 생각합니다.

인생을 단단하게 이끌어줄 인생 수업 7

학 교 에 서
알려주지 않는
인 생 수 업

김도사 지음

미다스북스

10대에게 가장 중요한 것은

한 독자로부터 다음과 같은 메일을 받았다.

고등학교 시절, 시원찮은 성적표를 내미는 저에게 아버지는 무미건
조하게 한마디 하셨습니다.
"공부도 다 때가 있다."

그게 무슨 뜻인지 그동안 모르고 살았습니다. 하늘의 뜻을 알게 된
다는 지천명(50세)에 접어든 지금 뒤늦은 공부에 매달리고 있습니다.
10대 시절 아버지께서 하셨던 그 한마디가 자꾸만 가슴에 사무치는
건 무엇 때문일까요?

메일을 읽으면서 나도 모르게 가슴이 짠했다. 나 역시 학창시절 "이 것저것 생각 안 하고 공부할 수 있을 때 공부하라"고 했던 부모님의 말씀이 떠올랐기 때문이다. 마흔 초반의 내가 10대 시절이 그리운 것은 10대엔 미처 몰랐던 것들을 이제야 비로소 깨달았기 때문이다.

모든 것이 불완전한 만큼 힘들고 고달팠던 시기가 10대다. 하지만 불완전하고 아직 여물지 않았기에 가능성 역시 활짝 열려 있다.

10대 시절은 내면에 잠들어 있는 거인을 깨워야 하는 시기이다. 이 때 꿈이라는 망치로 그 거인을 때려서 깨운다면 거인은 주인이 원하는 인생을 살도록 돕는다. 내면에 잠든 거인을 깨우느냐 그대로 방치하느냐에 따라 인생의 성패가 달렸다고 해도 과언이 아니다.

나는 23년 동안 200권의 책을 출간했다. 내가 쓴 글은 초등, 중등, 고등학교 16권의 교과서에 수록되어 있다. 그래서 초·중·고등학교에서 강연 요청이 많은데 주로 꿈과 도전에 대해 강의하고 있다. 10대들과 자주 만날 기회가 있다 보니 그들이 어떤 생각을 하고 있고, 가장 힘들어하는 것이 무엇인지 잘 알고 있다. 그들에 대해 잘 아는 만큼 그들을 바라보는 내 마음 또한 아프고 안타깝다. 그래서 내가 10대 시절에 몰랐던 것을 그들에게 속속들이 말해주고 싶은 생각에 이 책을 집필하게 되었다.

10대 시절에 가장 중요한 것을 꼽는다면 '꿈', '공부', '좋은 습관', '시간 관리'라고 할 수 있다. 이때 가슴에 품은 꿈이 인생의 방향을 결정하고 공부는 그 꿈에 날개를 달아주기 때문이다. 따라서 확고한 꿈을 설정하고 지독하게 공부하면 반드시 실현된다.

김영삼 전 대통령은이 10대 시절에 대통령이라는 꿈을 품었다. 고등학생 시절, 자신의 꿈을 적은 종이를 책상 앞에다 붙여두었다. 종이에는 다음과 같이 적혀 있었다. '대한민국 대통령 김영삼'

하루는 그의 집에 놀러온 친구들이 이를 보게 되었다. 그 후로 친구들은 그를 놀리며 비웃었다. 어떤 친구는 그를 정신병자라고 비아냥거리기까지 했다. 훗날 대통령에 당선된 그는 이렇게 말한 바 있다.

"당시 내 꿈은 대통령이었습니다. 나는 대통령이라는 직책이 나와 가장 잘 맞는 직업이라고 생각했습니다. 사람이 분명한 목표가 없으면 삶이 무료하고 평범해지게 마련이죠. 특히 정치계에 몸담고 있는 사람이 대통령에 대한 희망이 없다면 무능하다고 말할 수밖에 없습니다."

김영삼은 나무에 조각칼로 글자를 새기듯이 가슴에 대통령이라는 꿈을 새겼다. 그리고 꿈을 실현하기 위해 최선을 다해 공부했다. 그 결과 그는 대한민국 대통령에 당선되었다.

성공하는 인생을 살고자 한다면 확고한 꿈을 가져야 한다. 그리고 그 꿈을 이루기 위해선 공부에 목숨 걸어야 한다. 꿈이 무엇이든 공부가 기본이기 때문이다. 나는 그동안 많은 사람들을 만나면서 두 가지 사실을 알 수 있었다. 학창시절 공부를 내팽개친 사람치고 크게 성공한 사람은 없다는 것과 성공자들 가운데 대부분이 학창시절 성적이 우수했거나 명문대를 나왔다는 것이다.

이 책에는 내가 10대에 미처 몰랐던 것들, 즉 꿈과 공부, 도전, 열정, 인간관계, 습관, 시간에 대한 이야기들이 담겨 있다. 이 가운데 10대들에게 가장 중요한 것은 '꿈'과 '공부'가 아닐까 생각한다. 꿈은 인생 여행에 있어 방향을 잡아주고 공부는 인생 여행이 행복할 수 있도록 소양을 쌓는 하나의 과정이기 때문이다.

현재 나는 분당에서 최고의 수학학원인 〈김도사수학〉을 운영하고 있다. 〈김도사수학〉은 보통 학원들과 다르다. 나를 비롯하여 원장들은 여러 권의 책을 출간했으며 전국을 무대로 꿈과 진로, 자기주도학습, 동기부여 등에 대한 주제로 강의를 다니고 있다. 그리고 모든 강사진들이 꿈과 목표에 대해 강조하고 있다. 그래서 학생은 단 1개월만 수강해도 수학 성적 향상은 물론 없었던 꿈이 생기고 저절로 공부하게 된다. 저절로 되는 공부, 가슴 뛰는 꿈을 찾고자 한다면 〈김도사수학〉을 찾아오면 된다.

많은 사람들이 유튜브 채널 〈김도사TV〉, 〈네빌고다드TV〉를 구독하고 있다. 꿈과 진로, 동기부여, 성공, 내가 소유하고 있는 슈퍼카 페라리, 람보르기니 등에 대해서도 꾸준히 영상을 올리고 있다. 구독한다면 많은 도움이 되리라 생각한다. 이와 더불어 네이버 카페 〈한국책쓰기1인창업코칭협회〉에 가입하면 더 넓은 세상을 경험할 수 있다.

나는 여러분에게 강력하게 주문하고 싶다. 매 순간 숨을 쉬듯이 꿈꾸고 최선을 다해 공부하길 바란다. 여러분의 미래는 여러분이 생각하고 행동하는 대로 창조된다는 것을 기억해야 한다.

2019년 1월

김도사

차례

1장   놓치고 싶지 않은 꿈을 가져라

1장

놓치고 싶지 않은 꿈을 가져라

01 꿈을 빨리 설정할수록 시작이 빠르다

추운 겨울이 지나고 따뜻한 봄이 왔다. 기다렸다는 듯이 농부들은 밭에 다양한 씨앗을 뿌리고 정성으로 씨앗이 잘 자라도록 돌본다. 여름이 지나고 가을이 되면서 곡식이 풍성하게 열린다.

만일 농부가 어떤 씨앗을 뿌려야 할지 결정하지 못한 채 갈팡질팡 고민만 하고 있다면?

"지난해에는 고추 농사가 별 재미가 없었어."
"벼농사는 어떻고 올해는 양파를 심어볼까?"
"아냐, 그것보다는 마늘을 많이 심는 게 나을지 몰라."

이렇게 고민만 하다가 어느덧 여름이 되고 씨앗을 뿌려야 할 시기를 놓치고 만다. 결국 풍성한 가을이 아닌 빈곤한 가을을 맞을 것임은 불 보듯 뻔하다.

꿈은 봄에 농부가 밭에 뿌리는 씨앗과 같다. 10대 시절에 어떤 꿈의 씨앗을 심을지 결정해야 한다. 꿈을 빨리 설정할수록 시작이 빠르기 때문이다.

'월드스타', '영화배우' 가수 정지훈(비). 지금의 그는 모든 사람에게 선망의 대상이지만 과거에는 가난으로 점철된 시간을 보냈다.

어린 시절의 정지훈은 매우 불우한 아이였다. 집에 쌀이 없어서 5일 동안 굶은 적도 있고 수돗물을 마시며 허기를 달래기도했다. 한 번은 보리차가 없어서 물만 끓여놓았는데 며칠 후 밤중에 물을 마시는데 알갱이가 씹혔다. 불을 켜고 보니 바퀴벌레가 알을 까놓았던 것이었다.

어린 시절부터 뼈저린 가난의 고통을 경험한 그는 중·고등학교 시절 세상이 원망스러웠다.

'왜 이렇게 세상은 내게 가혹할까?'
'왜 세상은 내게 등을 돌렸을까?'

아버지의 사업 실패와 병석에 누운 어머니로 인해 가난은 계속되었다. 어린 그에게 가난은 끊고 싶은 족쇄와 같았다.

그는 배고프지 않을 것이라는 희망을 품고 가수가 되고자 결심했다. 춤을 배우기 시작했지만 가수의 꿈은 멀기만 했다. 그는 번번이 오디션에서 떨어졌다. 실력이 부족해서가 아니라 단지 얼굴에 쌍꺼풀이 없고 잘생기지 않았다는 것이 이유였다. 그렇게 그는 18번이나 오디션에서 떨어지는 아픔을 맛봐야 했다. 하지만 그는 포기하지 않고 계속 오디션에 도전했다.

정지훈은 세상이 그리 만만하지 않다는 것을 깨달았다. 그러면서 자신이 기댈 수 있는 것은 꿈뿐이라는 것을 알았다. 매순간 그는 죽을힘을 다해 노래를 불렀고 춤을 추었다.

어느 날 그는 절박한 심정으로 한 번도 쉬지 않고 5시간 동안 춤을 추었는데 당시 프로듀서였던 박진영이 그 모습을 보게 되었다. 그는 훗날 이렇게 회상했다.

"걔(정지훈) 눈에서 배고픔과 절박함이 느껴졌어요. 실력보다 열정이 보였죠. '아, 이 아이는 이거 아니면 죽겠구나.'라는 생각이 들었어요."

정말 박진영의 말대로 그 당시 정지훈은 절박했다. 어머니는 병세는 악화되었지만 병원비가 없어 치료를 받지 못하고 있었기 때문이다. 그는 박진영을 직접 찾아가 오디션을 받고 발탁되었다. 고3 때부터 안무 연습실에서 살다시피 하며 연습했다. 하루 8시간 춤을 추었고 노래 연습을 했다.

어느 날 박진영이 정지훈의 집에 갔을 때 집안 곳곳에 포스트잇이 붙어 있는 것을 보고 깜짝 놀랐다. 포스트잇에는 자신이 그를 가르치며 했던 말들이 적혀 있기 때문이었다.

가수를 향한 꿈과 가난에서 벗어나겠다는 의지로 정지훈은 데뷔 2년 만에 가요계 정상에 올랐다. 어머니가 세상을 떠난 지 3년 만에 이뤄낸 성과였다. 이후 태국, 일본, 중국 등 아시아 진출에 성공하며 국내외에서 큰 인기를 끌었다. 연기 활동도 꾸준히 해 국내 드라마는 물론 할리우드에서도 활약하며 아시아 한국인 최초 '2010 MTV 무비어워드 최고의 액션스타상'을 거머쥐었다. 타임지 선정 '세계에서 가장 영향력 있는 인물 100명'에 2회 선정되기도 했다. 그리고 2017년 배우 김태희와 결혼하여 행복한 나날을 보내고 있다.

가수 정지훈이 가난의 고통 속에서도 희망을 가질 수 있었던 것은 꿈 때문이었다. 그는 10대 시절에 '가수'라는 꿈을 설정했고 죽을힘을 다해 노력한 결과 '스타'가 된 것이다.

꿈을 빨리 설정할수록 성공한 인생을 살 가능성이 높다. 그만큼 꿈을 향한 시작이 빠르기 때문이다. 10대 시절에 꿈을 정한 사람과 20대, 30대에 꿈을 찾은 사람을 비교한다면 당연히 시간적인 면에서 전자가 꿈을 이룰 확률이 높다. 꿈은 시간과의 싸움이기 때문이다.

꿈을 빨리 설정할수록 좋은 또 다른 이유가 있다. 확고한 꿈을 가지고 있으면 진짜 인생을 살 수 있다는 것이다. 꿈이 없거나 확고하지 않은 사람은 다른 사람들의 사는 방식을 모방해 살아가는 경향이 있다. 꿈이 없기에 주도적인 인생을 살지 못하는 것이다.

그러나 꿈이 있는 사람은 자신의 꿈을 향해 나아간다. 반드시 이루어야 할 목표가 있기에 다른 사람들의 인생을 모방하거나 기웃거리지 않는다.

애플의 최고 경영자 스티브 잡스의 말을 경청해보자.

"당신에게 주어진 시간은 한정되어 있습니다. 절대로 다른 사람의 인생을 살면서 낭비하지 마세요. 다른 사람들의 머리에서 나온 결과로 자신을 가두고 거짓된 삶을 살지 마시길 바랍니다. 다른 사람들의 목소리가 나의 목소리를 잠재우게 하지 맙시다. 가장 중요한 것은 용기를 가지고 나의 마음과 직관을 따르는 것입니다. 벌써 당신은 '내가' 무엇이 되어야 하는지 잘 알고 있습니다. 그 외의 것은 그다지 중요하지 않습니다.

다른 사람의 꿈속에서 사는 것이 지루하시나요? 당연히 그럴 것입니다. 당신은 당신을 위해 다른 사람들의 간섭을 받지 않고 살아갈 권리가 있다는 것을 기억하세요. 당신의 인생의 주도권을 잡고 주인이 되기를 바랍니다. 당신에게는 당신만을 위해 살아갈 권리가 있다는 것을 절대로 잊지 말기를 바랍니다."

그렇다. 타인에게는 타인의 인생이 있고 나에게는 나만의 인생이 있다. 다른 사람들의 인생을 살만큼 인생은 길지 않다. 진짜 인생, 나만을 위한 인생을 살아가야 한다. 진짜 인생을 살기 위해 꼭 챙겨야 할 필수품이 바로 '꿈'이다. 여행자가 목적지 없이 여행을 할 수 없듯이 꿈 없이 성공적인 인생을 살 수 없다.

미국의 신학자 조지 스위팅은 "사람은 40일을 먹지 않고도 살 수 있고, 3일 동안 물을 마시지 않고도 살 수 있으며, 8분간 숨을 쉬지 않고도 살 수 있다. 그러나 희망 없이는 단 2초도 살 수 없다."라고 말했다. 10대 시절은 내면에 잠들어 있는 거인을 깨워야 하는 시기이다. 이때 꿈이라는 망치로 그 거인을 때려서 깨운다면 그 서인은 주인이 원하는 인생을 살도록 돕는다.

02 꿈은 아무리 강조해도 지나치지 않다

자기 분야에서 성공한 사람들 가운데 어려서부터 꿈이 없었던 사람은 없다. 하나같이 반드시 실현하고 싶은 꿈이 있기에 자신이 가진 능력을 십분 발휘할 수 있었고, 때로 시련과 역경이 닥치더라도 헤쳐 나갈 수 있었다.

그런데 주변에는 시시하게 재미없는 인생을 사는 사람들이 많다. 그들이 살아온 과정을 살펴보면 한 가지 공통분모를 찾을 수 있다. 꿈의 부재이다. 그래서 그들은 괜찮은 직장에서 받는 봉급으로 만족하며 하루하루를 보내게 된다. 물론 그들 가운데 막연한 꿈을 가진 사람들도 있다. 안타깝게도 막연한 꿈은 있으나마나 한 꿈과 같다. 반드시 성취하고자 하는 확고한 의지와 결심이 깃들어 있어야 진짜 꿈이라고 할 수 있다.

'불조심, 아무리 강조해도 지나치지 않다.'라는 표어가 있다. 나는 종종 이 표어를 '꿈, 아무리 강조해도 지나치지 않다.'라고 바꿔서 말한다. 그만큼 꿈이 중요하기 때문이다. TV나 신문 기사, 책을 통해 가난한 환경에서 태어났지만 꿈을 향해 매진한 결과 시련을 극복한 사람들의 사례를 접할 수 있다. 그만큼 꿈이 가진 힘은 실로 대단하다.

베스트셀러 작가이자 전 월드비전 긴급구호 팀 팀장이었던 한비야는 현재 월드비전 세계시민학교 교장으로 지내고 있다. 그녀는 35세에 잘나가는 직장을 그만두고 7년간의 세계 여행길에 올랐다. 그렇다고 그녀가 안락한 여행을 한 것은 아니있다. 비행기를 거의 이용하지 않고 육로로만 오지를 찾아 여행을 한 것이다. 그녀는 여행 중에 국경을 넘으며 경험한 여러 사건과 아프가니스탄에서의 위험했던 순간들을 생생하게 책에 묘사하여 수많은 독자를 매료시켰다. 뿐만 아니라 피와 땀, 눈물이 고스란히 담겨 있는 여행책으로 인해 한비야라는 이름을 세상에 알릴 수 있었다.

한비야는 "가장 행복한 사람은 현장에서 그가 진정으로 원하는 일을 하는 사람이다."라고 했다. 쉽게 말해 자신이 꿈꾸었던 일을 하는 것이 가장 행복하다는 것이다. 한비야 역시 젊은 시절 힘들고 어려웠던 시기를 보내야 했다. 하지만 그때마다 꿈이 그녀를 일으켜 세웠고 계속 앞을 향해 나아가게 했다.

그녀는 진정으로 원하는 꿈을 설정하면 그에 맞는 용기도 생긴다고 말했다.

"용기란 어떤 일을 시도할 때 두려워하지 않는 데서 생기는 것이며,

용기의 정도는 그 일을 하고 싶은 열정의 크기에 따라 달라질 수 있다."

거창한 계획을 세워놓고도 실행을 못하는 사람이 있다. 계획이 실패로 돌아갈까 봐 두렵고 불안하기 때문에 행동으로 옮기지 못하는 것이다. 그렇다면 왜 두렵고 불안한 것일까? 그것은 그 계획이 자신이 진정으로 원하는 일이 아니기 때문이다. 진짜 원하는 일이라면 용기가 생겨 실패해도 행동으로 옮기게 된다. 그리고 혹 실패하더라도 다시 실패의 원인을 분석하여 도전하게 된다.

성공한 사람들을 보면 폼도 나고 멋있다. 특히 무대에 선 스타들을 보면 정말 나도 스타가 되고 싶다는 강한 동기가 생길 만큼 부럽다. 그래서 10대 중 많은 이가 신중하게 생각해보지 않고 폼 나고 멋있는 직업에 대해 동경심을 품게 된다.

그렇다면 '꿈만 있으면 저절로 실현될까?'라는 물음이 생긴다. 답은 '절대 그렇지 않다'이다. 농부가 봄에 씨앗을 뿌린 후 관심과 정성으로 돌봐야 하듯이 꿈 역시 피와 땀을 필요로 한다. 때로는 나의 전부를 걸 수 있어야 한다.

『상추 CEO』라는 책을 감명 깊게 읽었다. 이 책에는 자신의 꿈을 이루기가 얼마나 힘이 드는지가 잘 나타나 있다. 책을 쓴 장안농장 류근모 대표는 20여 년 전 조경사업에 실패한 후 귀농하여 융자금 300만 원으로 유기농 상추 재배를 시작했다. 그리고 온갖 고생 끝에 연매출

100억 원대의 장안농장을 일구어냈다. 지금은 남부럽지 않게 성공한 인생을 살고 있지만 오늘에 이르기까지 그는 한시도 '유기농 상추 재배로 성공하겠다.'라는 자신의 꿈을 잊지 않았다.

류근모의 저서 『상추 CEO』에 보면 이런 내용이 있다.

"잠시 성공이라는 말을 내려놓고, 스스로의 모습을 돌아보자. 나는 성공이라는 이름에 합당한 노력을 얼마나 했는지 자문해보자. 그 일이 너무 하고 싶어서 빨리 해가 뜨기를 간절히 바라며 뜬눈으로 밤을 새운 적이 있었는가? 당장 돈은 안 되는 일이지만 그 일을 하면서 내 가슴이 뜨겁게 달아오른 적이 있었는가? 그리하여 하루 24시간이라는 제한된 시간 안에서 죽을힘을 다해 뛰어다녔는가? 류근모, 너는 정말 후회 없는 삶을 살고 있는가?

그런데 사람들은 1을 넣으면 10이 되는 요술 상자를 꿈꾼다. 마음속으로 소원을 빌면 온갖 재화가 쏟아지는 맷돌을 갖고 싶어 한다. 그런 성공을 꿈꾸며 나에게 '성공 노하우'를 묻는다. 사람들은 단 한마디 말로, 단 하나의 노하우로 돈을 버는 방법이 있을 거라고 믿는다.

그러나 그때마다 내 뇌리에는 지난날이 스친다. 하루에 3시간씩 자면서 서울에서 충주로, 가락동 농수산시장에서 장안농장으로 무수히 오고 갔던 그날들이 떠오른다. 유기농에 대한 궁금증을 풀기 위해 제주도에서 전라도로, 충청도에서 강원도로 부지런히 다니던 그날들이 떠오른다.

그래도 답을 얻지 못하여 책이란 책은 모조리 뒤지며 밤을 지새웠던 그 숱한 날들이 떠오른다. 상추가 원하는 대로 자라지 않아 밭을 갈아 엎고, 농약을 치지 못해 잡초를 뽑고 벌레를 잡았던 그날의 눈물과 원망이 주마간산처럼 스쳐간다.

온몸이 땀으로 흠뻑 젖은 채 상추 밭에 쪼그리고 앉아 일했던 그날, 입에서 얼마나 단내가 났는지 아직도 기억이 생생하다.”

정말 자신의 일에서 최고가 된 사람들은 '꿈쟁이'들이다. 너무나 확고하여 남들이 아무리 부정적인 말을 던지고 앞을 가로막더라도 아랑곳하지 않았다. 오히려 그럴수록 더욱 자신의 꿈에 매진했고 자신의 전부를 걸었다. 그 결과 간절히 원했던 꿈, 성공을 이루어냈던 것이다.

세상에는 수많은 성공 비결이 있다. 하지만 그 가운데 가장 중요한 것은 자신이 진정으로 원하는 꿈을 설정하고 피나는 노력을 기울이는 것이다. 공부를 잘하기 위해 전략을 세워 죽을힘을 다해 공부하는 것과 같은 맥락이다. 성공으로 이르는 데 지름길이란 있을 수 없다. 오로지 꿈을 향한 강한 집념으로 고군분투하는 것밖에 없다.

자, 지금부터 자신의 진짜 인생을 위해 꿈을 가지자. 그리고 그 꿈을 향해 숨 가쁘게 달려라. 간혹 현실에 안주하고 싶은 유혹이 생기면 개그맨 전유성이 후배들에게 했던 말을 머릿속에 떠올려보라.

“쉬지 마라, 쉬면 그대로 주저앉는다.”

03 목표와 꿈 사이에서 인생이 결정된다

나는 종종 고등학교나 중학교에서 강연을 하는데, 그때 종종 학생들에게 '소원'과 '목표'의 차이점에 대해 물어본다.

"여러분, '소원'과 '목표'의 차이가 뭐라고 생각하나요?"

그러면 다양한 대답이 돌아오는데, 대부분 소원과 목표의 차이점에 대해 언급하기보다 모호한 대답을 한다. 내가 학생들에게 소원과 목표의 차이점에 대해 질문을 던지는 것은 실로 중요하기 때문이다. 소원과 목표의 차이점을 명확하게 구분하지 못한다면 제대로 된 꿈을 설정할 수 없다.

'이번 시험에서 꼭 성적을 올리고 싶다!'라고 생각하는 것은 소원이다. 그러나 '이번 시험에서 꼭 성적을 올리도록 노력하겠다!'라고 결심하는 것은 목표이다. 이처럼 소원과 목표의 차이점은 자신이 바라는 것에 대해 자신의 의지가 깃들어 있느냐로 구분할 수 있다.

목표보다 더 원대한 그림이 꿈이라고 말할 수 있다. 이를 테면 '나는 반드시 변호사가 되겠다.', '성공해서 내 이름으로 된 자서전을 출간할 거야.', '은행에 들어가서 은행장이 되겠어.'라고 그 자신이 이루고자 하는 바를 명확하게 하는 것이다. 그런데 꿈은 꿈만으로는 실현되기가 쉽지 않다. 꿈과 연결되어 있는 목표라는 계단을 차근차근 밟고 나아갈 때 서서히 실현되기 때문이다.

목표와 꿈 사이에서 인생, 미래가 결정된다고 해도 과언이 아니다. 그래서 성공자들이 목표와 꿈이라는 시소의 균형을 잘 잡아야 원하는 인생을 살 수 있다고 말하는 것이다. 꿈이라는 큰 그림을 설정하고 단기적인 과제인 목표를 이루어갈 때 원하는 인생을 설계할 수 있다.

아버지의 부재와 정신이 온전치 못한 어머니, 지독한 가난 속에서 성공을 일궈낸 찰리 채플린은 어린 시절을 다음과 같이 회상했다.

"먼 옛날 나는 굶주림과 내일에 대한 두려움, 매일 반복되는 하루하루에 대한 공포에 사로잡혀 있었다. 나에게는 그 두려움에서 벗어나게 해줄 어떠한 행운도 없었다. 나는 마치 가난과 결핍에 대한 강박에 사로잡힌 사람 같았다."

더 이상 떨어질 수 없는 바닥에서 성장기를 보낸 채플린은 어떻게 세계적인 인물이 되었을까? 잠시 그의 어린 시절을 살펴보자.

어린 채플린과 어머니는 일주일에 고작 몇 파운드에 불과한 돈으로 간신히 먹고 살아야 했다. 그래도 그는 끼니를 거르지 않고 거의 매일 먹을 수 있는 현실에 감사했다.

어머니는 채플린이 글을 익히기도 전에 영국민요와 뮤직홀에서 부르는 노래를 가르쳤다. 그녀는 비록 자신은 성공하지 못한 배우였지만 아들만큼은 성공하기를 바랐던 것이다.

훗날 그는 당시를 이렇게 떠올렸다.

"어머니는 내가 한 번도 본적이 없는, 위대한 팬터마임 배우였다. 나는 어머니의 노래를 듣고 연기를 보면서 감정을 표현하는 법을 익혔다."

채플린이 열네 살 무렵, 어머니는 정신착란 증세가 심해져 정신병원에 입원하게 되었다. 그리하여 그는 돌봐줄 사람 없는 고아가 되었다. 당시 그는 주로 공원이나 폐가에서 밤을 보냈지만 현실을 탓하거나 좌절하지 않았다. 오히려 '훗날 꼭 성공한 배우가 되겠다.'라고 다짐했다. 그는 근처 시장 등지를 돌아다니며 사람들의 모습을 예리하게 관찰했다. 이때 보고 느꼈던 것들이 훗날 세계적인 배우로 성장하는 데 밑거름이 되었다.

집도 없이 돌아다니던 그는 어느 날 힘든 현실에서 벗어나기로 마음먹었다. 그는 런던에서 가장 큰 극단을 찾아가 200파운드 가량의 주급을 받는 조건으로 셜록 홈스의 하인 역을 맡아 지방 순회공연을 다녔다. 그는 최선을 다해 연기했지만 불행하게도 그가 출연했던 작품들은 흥행에서 성공하지 못했다.

그는 배우로 활동하지 않는 시간에는 주로 책을 읽으며 자기계발을 했다. 뿐만 아니라 수사학, 문법, 라틴어를 익히는 데 시간과 노력을 아끼지 않았다. 이때 독학으로 음악을 배우게 되는데 훗날 무대에서 즉흥적으로 작곡하여 감동적인 멜로디를 몇 시간 동안 연주하곤 했다.

1910년 그에게 예기치 못한 기회가 찾아왔다. 미국에서 결성한 극단에서 배우들이 영화의 유혹을 이기지 못하고 빠져나간 것이다. 그래서 그는 미국으로 건너가 극단에 합류하게 되었다. 채플린은 미국 순회공연을 하던 중 미국의 영화제작자 M. 세닛의 눈에 띄게 되었다. 그렇게 그는 단숨에 지방 순회공연을 하던 극단 배우에서 할리우드로 진출하게 된 것이다.

그러다 1914년 채플린은 첫 영화 〈생계〉로 미국 영화계에 자신의 재능을 알릴 수 있었다. 그 후로 수십 편의 영화의 각본을 직접 쓰거나 감독하고 주연을 맡기도 했다. 사람들은 찰리 채플린이라는 배우에게 흠뻑 매료되었고 그는 세계적인 스타로 발돋움했다.

자, 다시 앞의 질문으로 돌아가자. 기댈 언덕 하나 없었던 채플린은 어떻게 세계적인 인물이 되었을까? 바로 '최고 배우가 되겠다!'라는 확고한 꿈을 잊지 않았기 때문이다. 잊지 않은 데서 그친 것이 아니라 그

학교에서 알려주지 않는 인생 수업

꿈을 이루기 위해 최선의 노력을 했기 때문이다.

찰리 채플린과 같이 혹독한 시련 속에서도 꿈을 잃지 않는다면 반드시 이룰 수 있다. 시련과 역경, 온갖 어려움이 성공을 위한 좋은 공부가 되어주기 때문이다. 마음먹기에 따라 자신에게 닥치는 모든 어려움은 교훈이 된다. 그래서 성공한 사람들은 실패한 사람들에 비해 더 많은 실패를 겪었던 것이다.

여러분, 생각만 해도 가슴이 쿵쾅거리는 꿈을 품어라. 꿈이 어떻게 해서 이루어질지에 대해서는 의문을 가지지 마라. 그 대신 꿈과 이어져 있는 목표들을 이루기 위해 노력하라. 그러면 자신도 모르게 꿈과의 거리가 가까워지는 자신을 보게 될 것이다.

지금 나의 10대 시절을 돌이켜보면 왜 그때는 하루살이처럼 생각하고 행동했는지, 후회와 아쉬움이 가득하다. 만일 내가 다시 10대의 시절로 돌아갈 수 있다면 목표와 꿈을 명확히 설정해서 최선을 다할 것이다.

세계 최고의 디자이너 비비안 웨스트우드는 이렇게 말했다.

"먼저 자신을 돌아보고 좋은 것으로 딱 한 가지만 사고 두 달 동안 입어보라. 진짜 명품은 자신에게 가장 잘 어울리면서도 싫증나지 않고 평생 함께할 수 있는 것이다."

그렇다. 비비안 웨스트우드가 세계적인 디자이너가 될 수 있었던 것은 인생 최고의 명품 '꿈'을 가졌기 때문이다. 여러분도 최고의 인생을 살 수 있다. 지금 가슴에 품고 있는 꿈의 에너지가 마법처럼 여러분을 도와줄 것이므로.

04 꿈을 매일 열 번씩 적으면 이루어진다

나는 작가이자 연사로 활동하면서 다양한 분야에서 성공한 사람들과 접할 기회가 많다. 그들 가운데 외국계 보험회사에 입사한 지 2년 만에 보험왕이 된 분이 있다. 그는 보험회사에 입사하기 전에는 이렇다 할 비전도 없이 다람쥐 쳇바퀴 같은 생활을 하고 있었다. 그러나 보험회사에 입사해서 꿈과 목표를 설정하는 법을 배운 후 그의 인생이 180도 달라졌다. 예전에는 10년이 넘은 낡은 아반떼 자동차를 타고 다녔지만 지금은 벤츠를 타고 다닌다. 무엇보다 그의 얼굴에는 미소와 자신감이 가득 차 있다.

어느 날 나는 그와 점심식사를 같이 할 기회가 있었는데 그때 넌지시 성공 비결을 물어보았다. 그러자 그는 이렇게 말했다.

"저는 매일 어떻게 하면 성과를 올릴 수 있을까를 생각합니다. 하지만 단순히 생각만 한다고 해서 성과가 오르진 않지요. 성과를 올리기 위한 세부적인 목표를 정하는데 이때 상세한 숫자와 마감일을 정합니다. 다시 목표와 마감일을 종이에 적고서 지갑에 넣고 다니며 틈날 때마다 쳐다봅니다. 그러면 나도 모르게 할 수 있다는 자신감과 용기가 생겨납니다. 제가 보험왕이 될 수 있었던 것도 꿈과 목표를 종이에 적었기 때문이라고 할 수 있어요."

꿈과 목표를 종이에 적는다는 그의 말을 듣고 매우 기분이 좋았다. 왜냐하면 나 역시 오래 전부터 꿈과 목표를 종이에 적어서 지갑과 가방 등에 넣고 다니기 때문이다. 나의 집필실 벽에는 꿈과 목표를 적은 포스트잇과 A4용지가 덕지덕지 붙어 있다. 그동안 경험으로 꿈과 목표를 말로 하는 것보다 종이에 기록하고 눈에 잘 띄는 곳에 붙여둘 때 더 잘 실현된다는 것을 경험했다.

여러분 중에 '정말 종이에 적으면 꿈이 실현될까?' 의문을 가지는 사람도 있을 것이다. 충분히 이해한다. 과거에 나 역시 그랬으니까. 다시 말하지만 입으로 꿈에 대해 백 번 떠드는 것보다 종이나 노트에 적는 것이 훨씬 꿈을 이루기가 쉽다. 꿈을 종이에 적는 순간 자신의 꿈이 뇌에 각인되어 행동으로 옮기기 때문이다.

성공한 사람들 대부분이 꿈과 목표를 종이에 적었다. 여러분도 자신의 꿈을 종이나 노트에 적어보라. 어떤 꿈이어도 상관없다. 꼭 실현하고 싶은 일이나 되고 싶은 인물이 있다면 망설이지 말고 적어보기를 바란다.

자, 이제부터 꿈을 종이에 적고 실현시킨 사람들을 만나보자. 그들은 과연 어떻게 꿈과 목표를 이루었을까?

영화배우 짐 캐리가 있다. 캐나다에서 태어난 그는 영화배우가 되겠다는 꿈 하나로 무작정 미국으로 건너왔다. 하지만 무명시절 너무나 가난한 탓에 노숙하며 지내야 했다. 그러던 어느 날, 그는 무작정 할리우드에서 가장 높은 언덕으로 올라갔다. 그러고는 그곳에서 종이에 '출연료'라고 적고 1,000만 달러를 적었다. 그는 이것을 5년 동안 지갑에 넣고 다녔다.

놀랍게도 5년 후 짐캐리는 〈덤 앤 더머〉와 〈배트맨〉의 출연료로 예전에 자신이 종이에 적었던 금액보다 훨씬 더 많은 1,700만 달러를 받았다. 그것을 기점으로 그의 명성은 나날이 높아졌고, 곧 세계적으로 유명한 영화배우가 되었다.

'피겨 여왕' 김연아 역시 어린 시절 자신의 꿈을 종이에 적었다. 김연아는 초등학교 1학년 때 가족들과 올림픽공원에서 '알라딘'이라는 아이스 쇼를 보고 나서 피겨선수라는 꿈을 정했다. 그녀는 쇼를 본 그날 밤 일기장에 열심히 해서 꼭 피겨 선수가 되겠다고 적고 담임선생님에게도 편지를 보냈다.

'아이스 쇼를 보고 나서 나도 스케이트를 열심히 타서 국가 선수가 되어야겠다. 세계 최고가 되고 싶다.'

그녀의 꿈이 이루어졌을까? 여러분도 알다시피 그녀의 꿈은 현실이 되었다. 김연아는 쇼트와 프리, 총점에서 무려 11번의 세계기록을 경신했으며 이중 8번은 자신의 기록을 경신했다. 출전한 모든 대회에서 3위 내에 입상함을 일컫는 '올포디움(all podium)'의 기록을 가졌다. 2014년 은퇴했지만 2018년 동계 올림픽의 평창 유치에 크게 기여하는 등 계속 활발히 활동하고 있다.

세계적인 헤어스타일 전문가 프레데릭 페카이. 대부분의 사람은 그가 천부적인 자질을 타고났다거나 운이 좋았을 거라고 생각한다. 하지만 실상은 그렇지 않다. 그는 젊은 시절부터 '세계적인 헤어스타일 전문가가 될 것이다.'라는 꿈을 가졌고, 한시도 그 꿈을 잊어본 적이 없다.

그는 자신의 꿈을 종이에 적은 후 시련이 닥치거나 꿈에 대한 회의감이 들 때면 습관적으로 자신의 꿈을 읽었다. 그러면서 열성을 다해 스승으로부터 미용기술을 익혔으며 자신보다 뛰어난 미용기술을 가진 사람들에게 끊임없이 배웠다. 틈틈이 그들에게 배운 것을 토대로 자신만의 기술로 개발해나갔다.

그는 자신의 성공 비결에 대해 이렇게 말했다.

"나에게는 최고가 되고자 하는 야망이 있었기 때문에 재능 있는 사람이 된 것입니다."

최고가 되고자 하는 야망이 있어도 종이에 적지 않으면 금세 잊고 만다. 사람은 망각의 동물이기 때문이다. 그래서 '적자생존', 즉 적어야 생존할 수 있다는 말도 생겨나지 않았겠는가.

나는 그동안 종이에 적었던 꿈을 모두 이루었다. 대학교와 기업, 기관, 단체를 대상으로 꿈과 비전의 힘을 설파하는 동기부여전문가가 되었으며, TV와 라디오에도 출연했다. 해외에 나의 책이 출간되기를 바라는 꿈을 종이에 적었다. 그 결과 2009년 어린이 자기계발서『말썽꾸러기 탈출학교』가 중국과 대만, 태국으로 수출되었다. 지금은 TV방송에서 꿈과 비전을 주제로 특강을 하는 꿈을 적은 종이를 가지고 다닌다.

대부분의 사람들은 꿈은 눈에 보이지도 않고, 만질 수도 없다고 말한다. 또한 꿈을 특별한 사람들만 이룰 수 있는 머나먼 종소리쯤으로 생각한다. 하지만 그들은 모르고 있다. 꿈이 반드시 이루어진다고 믿는 사람들은 꿈을 볼 수 있을 뿐 아니라 상상을 통해 만질 수도 있다. 이것이 꿈을 실현하는 사람과 그렇지 않은 사람의 차이점이다.

10대는 꿈을 먹고 사는 시절이라고 해도 과언이 아니다. 여러분은 누구보다 멋있고 원대하고 뜨거운 꿈을 가져야 한다. 이제부터는 꿈을 가슴에 품는 것에서 한 단계 나아가 노트와 종이에 적어보자. 그리고 책상 앞과 벽 등 눈에 잘 띄는 곳에 꿈을 적은 포스트잇을 붙여두고 자주 들여다보자. 꿈을 적은 종이를 지갑이나 가방 안에 넣고 다녀도 좋다. 정말 거짓말처럼 꿈이 실현된다.

 사람들은 '꿈은 반드시 이루어진다!'라고 말한다. 나는 이 말을 '종이에 적은 꿈은 반드시 실현된다!'라고 고쳐 말하고 싶다. 종이에 기록하는 순간, 꿈은 제 주인을 위해 기회를 끌어당기는 등 스스로 움직이기 때문이다.

05 롤 모델보다 더 소중한 인생 지도는 없다

    사람은 저마다 한 가지씩 재능을 가지고 태어난다. 성공한 사람들은 하나같이 그 재능을 일찍 발견해서 갈고닦고 실험하고 도전한 사람들이다. 재능을 일찍 발견하는 것은 성공하는 인생에 참으로 중요하다. 자신의 재능과 맞는 일을 하면 일이 즐겁고 재미있게 느껴지지만 재능과 동떨어진 분야의 일을 하면 고문처럼 느껴지기 때문이다. 그래서 자신의 분야에서 최고가 된 사람들은 일을 일로 생각하지 않고 놀이쯤으로 여겼다.

    '긍정의 심리학' 분야의 선구적 학자 미하이 칙센트미하이는 저서 『십대의 재능은 어떻게 발달하고 어떻게 감소하는가』에서 다음과 같이 말했다.

    "우리 모두는 잠재적으로 유용하고 인정받을 만한 가치가 있는 재능을 지니고 있다. 그러나 이 숨겨진 재능을 계발하기 위해서는 그것을 육성해야 하며, 여기에는 시간과 심리적 에너지의 투자가 필요하다."

분명 우리 모두에게는 자신만의 생존무기, 즉 재능이 있다. 이 재능을 찾기 위해 노력하고 찾은 후에도 꾸준히 계발해야 한다. 이때 성공하는 사람과 실패하는 사람의 차이가 있다. 전자는 재능을 찾은 후 롤모델을 정해 그를 본받기 위해 노력한다. 반면에 후자는 맨땅에 헤딩하듯이 혼자 힘으로 해내기 위해 안간힘을 쓴다는 것이다. 어쩌면 이둘의 결과는 처음부터 정해진 것이나 다름없다.

세상에는 다양한 분야에서 성공한 사람들이 있다. 그들은 훌륭한 롤모델이라고 할 수 있다. 여러분이 자신의 분야에서 성공하고자 한다면 그들을 성공 비결을 찾아내어 벤치마킹해야 한다. 맨땅에 헤딩하듯이 성공을 꿈꾼다면 노력과 시간을 허비하게 된다.

공병호 박사의 『공병호 미래 인재의 조건』이라는 책이 있다. 작년에 출간된 이 책은 불확실성의 시대를 살아가는 생활인들에게 미래 인재상을 제시하고, 자기계발의 방향을 친절히 안내하는 책이라고 할 수 있다. 공병호 박사는 책에서 아직 진로를 정하지 못한 사람들에게 대다수가 가는 길을 무조건 따르는 것은 위험하다고 조언한다. 그러면서 그는 성공 사례와 롤 모델을 찾아 벤치마킹하라고 말한다.

"평소 자신만의 길을 찾아서 미래를 성공적으로 개척하고 있는 사람을 눈여겨보라. 운이 좋다면 주변에서 직접 지켜볼 수도 있다. 동료나 선배들 가운데 모범 사례를 찾을 수 있다면 큰 도움이 된다. 직접적인 사례를 만날 수 없다면 잡지나 신문, 책 등에서 미래 준비에 도움이 될 만한 사례를 찾아야 한다. 막연하지만 이런저런 선택 등을 갖고 꾸준하게 생각을 가다듬어 간다면, 자신이 원하는 모범 사례를 찾아낼 가능성이 한층 높아진다. (중략) 잡지나 신문, 책을 읽다가 적절한 사례를 만나면 그냥 한 번 읽어보는 수준에 그쳐서는 안 된다. 이들 사례에 대한 추가적인 정보를 모을 수 있어야 한다. 일단 가시화된 정보는 검색하여 보관해두는 것이 좋다. 그 주인공을 만날 수 있다면 잠시라도 그의 이야기를 들어볼 기회를 가져라. 그때도 사전 조사를 통해 선택을 내린 배경과 현주소, 미래 전망 같은 주인공한테 알고 싶은 질문을 메모해서 만나도록 한다."

성공은 모방에서 시작된다는 말이 있다. 자신이 가고자 하는 분야에서 이미 성공한 사람들을 롤 모델로 삼아 따라한다면 훨씬 쉽게 고지에 오를 수 있다. 롤 모델에게 검증받은 성공 해법을 전수받을 수 있기 때문이다.

공자는 노자를 롤 모델로 정하고 닮기 위해 노력했고, 당 태종 이세민은 진시황제를 벤치마킹했다. 모택동은 어린 시절 증국번을 자신의 롤 모델로 삼았다. 훗날 이들은 자신들이 롤 모델로 택한 사람들보다 더 큰 성공을 이루어냈다.

공병호 박사는 책에서 동기부여가이자 뛰어난 저술가인 지그 지글러를 예로 든다. 지그 지글러는 25세가 되던 1950년 무렵 세일즈맨으로 활동하던 중 성취동기 강연자인 밥 베일즈와의 우연한 만남이 그의 미래 준비에 결정적인 영향을 미쳤다고 말했다. 그는 베일즈를 저녁 식사에 초대했고 그 자리에서 강연자의 삶에 대한 이야기를 들을 수 있었다. 당시 베일즈는 지그 지글러에게 시장에 뛰어들기에는 아직 나이가 젊기 때문에 세일즈 분야에서 신화를 만들고 난 후 자신과 같은 길을 걸으라고 조언했다. 그 조언이 지그 지글러의 인생을 바꾸어놓게 된다.

시각 장애인으로서 미국 부시 행정부 시절 백악관 국가장애위원회 정책 차관보를 지낸 강영우 박사. 서울 덕수중학교 재학 시절 축구공에 맞아 시력을 잃은 그는 한때 절망의 시간을 보내야 했다. 하지만 그는 절망에서 벗어나 30년 인생 계획을 세우고 인생을 개척하기 시작했다.

강영우 박사는 일본인 교수 이와하시 다케오를 롤 모델로 정했다. 이와하시 다케오 교수 역시 강 박사와 비슷한 시련을 겪고 성공한 인물로, 그는 와세다대학교에 다닐 때 시력을 잃었지만 영국 에든버러대학교에서 석사 학위를 받고 일본에서 교수가 되었다. 강 박사는 한 번도 자신이 가진 장애에 불평하지 않았다. 오히려 이와하시 다케오 교수를 벤치마킹해서 자신의 꿈을 이루었다.

공부나 운동, 인간관계, 진로 등 어떤 분야에서든 롤 모델을 정하라. 그리고 그들의 성공 요인을 분석하여 자신에게 부족한 부분을 벤치마킹하라. 좀 더 쉽고 빨리 성공에 이르는 길이 있는데 굳이 험난한 가시밭길을 갈 필요는 없다.

처음에는 먼저 그 분야에서 성공한 사람의 성공 요인을 분석해 자기 것으로 만들 필요가 있다. 그리고 차차 어느 정도 궤도에 오르고 능력을 갖추면 자신만의 차별화를 통해 롤 모델을 뛰어넘을 수 있다.

대부분의 사람이 꿈을 가지고 성공을 향해 나아가지만 중도에 포기하고 만다. 가장 큰 원인으로 '자만심'을 꼽을 수 있다. 여기에서 말하는 자만심은 자신의 능력을 남들에게 자랑하며 뽐내는 마음을 뜻하는 것이 아니다. 자신의 부족한 부분을 다른 성공자, 즉 롤 모델을 통해 채우려고 하지 않는다는 말이다. 다른 성공자에게 본받지 않으려는 자만심은 성공하는 인생을 살고자 하는 사람에게 치명적이다. 자신에게 없거나 부족한 부분은 솔직하게 인정해야 한다. 그때 부족한 부분을 롤 모델을 통해 채우고 자신의 것으로 만들기 위한 노력을 하게 되기 때문이다.

대한민국 1세대 여성 공학자인 최순자 전 인하대 총장은 이렇게 말했다.

"쉽지 않은 길을 걸어 쉽지 않은 일을 해냈을 때, 그 결실과 보람은 분명 돋보일 것이고 100만 배 값질 것이다."

그렇다. 쉬운 일보다 남들이 실패했던 일을 성취했을 때 그 기쁨과 보람이 크다. 지금 여러분이 가지고 있는 꿈 역시 마찬가지이다. 비록 지금은 꿈이 불투명하고 '정말 꿈을 이룰 수 있을까?'라는 회의감이 고개를 들지만 노력과 고생 끝에 그 꿈을 실현했을 때 그 성취감은 대단할 것이다.

얼마 전 이제 연예인보다 유튜브 크리에이터들이 청소년들의 선망의 대상이 되고 있다는 기사를 보았다. 유튜브 크리에이터들의 자유로운 생활이나 독특한 말투나 행동 등이 유행처럼 번지고 있는 것이다. 실제로 그들을 따라 유튜브를 시작하는 청소년들도 많다고 한다. 문득 나는 '청소년들이 유튜브 크리에이터들의 방송만 벤치마킹하기보다 그들이 성공하기까지의 인생 역정을 벤치마킹한다면…' 하는 아쉬움이 들었다. 그러면 그것이 분명 많은 청소년들에게 성공에 대한 자극이 될 것이고 다양한 분야에서 또 다른 '대도서관, 벤쯔'가 탄생할지도 모른다.

꿈은 여러분을 위해 존재한다. 꿈은 여러분의 것이다. 지금 자신의 능력이 부족하다고 해서 좌절하거나 절망해서는 안 된다. 능력이 부족하면 채우면 된다. 지금부터 자신의 롤 모델을 정해 그가 했던 방식대로 성공을 향해 나아가보자. 꿈을 가진 사람에게 롤 모델보다 더 소중한 인생 지도는 없음을 명심하자.

06 올바른 가치관이 꿈을 이루게 한다

박홍석 와이즈먼 코리아 대표는 지난 크리스마스에 〈서울경제〉에 가치관 경영에 대해 기고했다. 그에 따르면 존 코터 하버드 경영대 교수가 분석한 결과 '가치관으로 경영하는 기업이 일반 기업보다 수익 4배, 주가 상승 12배, 일자리 창출 7배의 높은 성과를 기록했다.'라고 한다. 미국의 경영학자 짐 콜린스는 그의 저서에서 '원칙'이 중요하다고 역설했다. 다른 기업에 비해 10배 이상의 성과를 기록하는 기업의 리더들은 행동이 일관성이 있다고 한다. 가치, 장기 목표, 행동의 기준, 일 처리 방식 등이다. 다음의 기고문의 일부이다.

"4차 산업혁명 시대에 무엇보다 중요한 것은 '속도'이다. 그 속도를 높이기 위해서는 조직의 '한 방향 정렬'이 필수적이다. 이때 각기 다른 생각을 가진 사람들의 집합체인 조직을 한 방향으로 정렬하기 위해서는 가치관 경영을 해야 한다. 우리는 왜 존재하는가, 우리는 무엇이 되기 위해 노력해야 하는가, 우리는 어떠한 가치에 기반하여 의사결정을 하고 일해야 하는가를 고민해야 한다. 결국 성과 달성으로 이어지는 것은 사람의 힘에 의해서다. 위대한 기업이 되고자 한다면 우리는 가치관 경영에 계속해서 관심을 갖고 주목해야 할 것이다."

꿈을 이루었거나 성공한 사람들을 보면서 단지 배경이 좋거나 운이 좋아서일 거라고 추측한다. 하지만 그들이 걸어온 발자취를 보면 결코 배경과 운 때문에 성공하지 않았다는 것을 깨닫게 된다. 그들이 성공할 수 있었던 것은 확고한 꿈을 받쳐주는 올바른 가치관이 있었기 때문이다. 나보다 '타인', '인류'를 생각하는 올바른 가치관은 아무리 힘든 어려움이 닥치더라도 좌절하지 않고 꿋꿋하게 앞으로 나아가게 한다. 가치관의 힘이 시련이나 역경보다 훨씬 크기 때문이다.

스칼라웍스는 GPU 가속이나 딥러닝 관련 소프트웨어 핵심기술을 다양한 응용분야에 적용할 수 있도록 프로젝트를 진행하고 있다. 기초 데이터를 날씨나 질병, 주식 시장 예측 분석에 활용하고, 객체 인식 기술을 통해 새로운 이미지를 구성해 CCTV에 찍힌 얼굴을 재현하는 등 보안, 관제, 방송 관련 산업 분야에서 기술의 발전이 현실에 적용될 수 있도록 힘쓰고 있다. 뉴럴 네트워크와 인공지능 분야에서 전문성을 지닌 인력들로 구성된 스칼라웍스는 주목받는 스타트업이다. 스칼라웍스의 신용선 대표에게도 기술과 경영에 대한 철학, 가치관이 있었다. 다음은 〈이슈메이커〉와의 인터뷰 '기술의 발전 속 시대 가치관을 고민하는 기업가'의 일부다.

"항상 새로운 사람을 만나고 그들과 함께 즐겁게 일하며, 새로운 기술에 도전하며 발전하는 것을 목표로 한 걸음씩 나아가고 있지만 한편으로는 미래에 대한 많은 고민들도 하고 있다. 기계가 인간의 거의 모든 일을 대체하여 많은 사람들이 일자리를 잃는 힘든 시기가 올 것이라고 예측되는 상황에서, 사람이 굳이 노동을 하지 않아도 되는 탈노동을 통해 인간답게 살아갈 수 있는 미래를 맞이하기 위해 기여할 수 있는 부분들을 찾으려고 한다. 스칼라웍스의 기술들이 그 구분선이 될 수도 있지 않을까?"

청소년뿐만 아니라 어른들에게도 고전의 중요성을 알리고 있는, 세인트폴 고전인문학교 정소영 교장. 정 교장의 신념은 '청소년들에게 가치관과 분별력을 심어주는 것'이다. 그녀는 〈일요서울〉과의 인터뷰에서 그 계기와 철학을 밝혔다.

한국 로펌에서 변호사로 있던 그녀는 돌연 아이 둘과 함께 미국으로 향했다. 당시 큰아이가 초등학교 5학년이었고, 돌아오니 1년 반이 지나 중학교 1학년이 되어 있었다. 돌아온 아이는 적응을 힘들어했다. 개인 영역이 뚜렷한 미국 학교의 분위기와 한국 학교의 분위기가 너무도 달랐던 것이다. 그녀는 아이를 보면서 청소년의 '정신'에 대해 고민하기 시작했다. 그 결과 청소년들의 정신이 황폐해진 이유는 '가치관과 분별력'이 없기 때문이라는 생각이 들었다.

"'어느 것이 옳고 어느 것이 그르다, 어떤 행동이 옳고 어떤 행동이 그르다.'라는 것을 자신의 기준을 가지고 판단을 해야 하는데 그게 안 되고 있다는 생각을 했다."

청소년들에게 가치관은 이토록 중요하다. 게다가 자신보다 남을 위하는 마음, 올바른 가치관은 어려운 문제에 부딪혀도 반드시 극복하게 한다. 사람들을 위하려는 올바른 가치관이 자신이 원하는 바를 이루도록 돕기 때문이다. 그래서 성공한 사람들은 모두 꿈을 뒷받침해주는 올바른 가치관을 가지고 있다.

세상에는 모든 것이 갖춰진 풍족한 환경에서 사는 사람들보다 그렇지 못한 환경에서 사는 사람들이 더 많다. 그런데 성공한 사람들 중에는 유독 힘든 환경에서 생활한 사람들이 많다는 것을 알 수 있다. 그러한 사실을 보면 환경이 미래를 결정짓지 못한다는 것을 알 수 있다. 그렇다. 미래를 결정하는 것은 자신이 품고 있는 꿈과 올바른 가치관이다.

미래가 불안하고 아무리 힘들어도 꿈과 올바른 가치관만 있다면 희망을 가질 수 있다. 단지 나만을 위하는 것이 아닌 타인들을 위하는 마음가짐, 돈보다는 인간관계, 행복, 성취감에 행복을 느끼는 마음 자세를 가져보라. 올바른 가치관은 숱한 실패 속에서도 마침내 성공의 꽃을 피우게 한다.

07 창창소년(蒼蒼少年)

: 앞길이 창창하여 희망에 차 있는 젊은이

정상에 선 사람들은 젊은 시절 패기와 자신감으로 가득 찼다. 그렇다고 그들이 남들보다 특출 나게 공부를 잘했거나 비범한 능력 혹은 든든한 집안 배경을 가진 것은 아니었다. 내세울 만한 것 하나 없는데도 그들이 당당할 수 있었던 것은 분명한 꿈과 목표 때문이었다.

성공한 사람들은 일찍부터 분명한 꿈과 목표를 가지고 있었다. 애플의 CEO 스티브 잡스, 구글의 창업자 래리페이지와 세르게이 브린, 소프라노 조수미와 가수 강원래, 축구선수 박지성, 야구선수 박찬호, 피겨여왕 김연아…. 그들에게 가장 큰 위로와 힘이 되었던 것은 다름 아닌 꿈과 희망이었다. 그리고 그들이 지금처럼 자신의 분야에서 정상에 설 수 있었던 것 역시 그 두 가지 덕분이었다.

스티브 잡스는 "직관을 따르는 일이야말로 가장 중요하다. 당신의 가슴, 그리고 직관이야말로 당신이 진정으로 원하는 것을 잘 알고 있다. 다른 것은 부차적이다."라고 말했다. 그렇다. 진정 자신이 원하는 것을 해야 가장 잘할 수 있다.

세계적인 성악가 조수미는 청소년들에게 "인생에서 가장 소중한 시간, 꿈을 향해 도전하세요!"라고 말한다. 그 자신이 꿈을 향한 도전으로 가슴 뛰는 인생을 살 수 있었기 때문이다. 만일 그녀가 '내 꿈은 불가능해!'라며 꿈을 포기했더라면 지금쯤 어떤 인생을 살고 있을까? 생각만 해도 아찔하다.

2009년 12월 9일, 클론 멤버로 활약했던 강원래는 고등학교 3학년 수능 이후 행사 일환으로 '청소년이여! 꿈을 가져라'라는 주제로 강연을 진행한 바 있다. 그는 교통사고 이후, 자신이 겪고 극복했던 경험을 바탕으로 아이들에게 도움이 될 만한 유익한 내용을 들려주었다. 그는 청소년들에게 그 어떤 시련에서도 꿈을 포기하지 않는 것이 중요하다, 아무리 힘들어도 좌절하지 않는다면 꿈은 반드시 이루어진다고 강조했다. 그 역시 자신의 꿈을 포기하지 않았기 때문에 세상에 당당할 수 있었고 대한민국 최고의 춤꾼이 될 수 있었다.

그동안 나는 여러 분야에서 성공한 사람들을 만나고 인터뷰해오면서 한 가지 공통점을 찾을 수 있었다. 어려서부터 창창소년(蒼蒼少年)의 모습, 즉 '앞길이 창창하여 희망에 차 있는 젊은이'의 태도를 지녔다는 것이다. 그들은 지금처럼 성공하기 전에도 마치 성공한 인물처럼 말하고 행동했다.

살아가면서 자신감 있는 모습을 연출하는 것은 실로 중요하다. 타인

은 그 사람의 처음 모습을 보고 첫인상을 결정짓고 판단하기 때문이다. 그래서 한 성공자는 "다른 사람에게 약속을 지킬 수 없는 불투명한 상황에서도 당당하게 밀고 나가는 뻔뻔함도 필요하다."라고 말했다. 그만큼 자신감이 중요하다는 맥락일 것이다.

당당하고 자신감 있는 태도는 남들에게 나의 능력에 대한 자신감을 보여준다. 모든 것이 잘 되어가고 있고 좋은 결과가 예상됨을 추측하게 한다. 사람들은 잘나가는 사람과 가까워지고 싶어 할 뿐 아니라 도움을 주고자 한다. 따라서 자연스레 주위에 나를 도와줄 사람들이 끊이지 않는다. 무엇보다 이런 예감은 정말 현실로 나타나게 마련이다.

모든 사람이 바라는 '성공'은 확고한 꿈과 목표만으로 실현되지는 않는다. 꿈과 목표를 주축으로 자신감, 도전, 노력 등의 요소가 결합되었을 때 실현된다. 그런데 꿈과 목표의 고지를 눈앞에 두고도 포기하는 사람들이 있는데 이유는 자발적 동기부여가 약하기 때문이다. 꿈을 실현한 사람들은 자신이 이루고자 하는 꿈과 목표가 있으면 수시로 자극이 되는 무언가를 통해 의지를 불태우는 등 전열을 가다듬을 수 있다.

성공한 사람의 기사나 사진을 책상에 붙여놓고 자극을 받거나 자신의 꿈과 목표를 적은 종이를 벽에 붙여두고 수시로 들여다보았다. 그렇게 함으로써 꿈과 목표를 망각하거나 의지가 약해지는 것을 미연에 방지했다.

김영삼 전 대통령 역시 그런 이들 중 한 사람이다. 그는 고등학생 시절, 자신의 꿈을 적은 종이를 책상 앞에 붙여두었다. 종이에는 다음과 같이 적혀 있었다.

'대한민국 대통령 김영삼'

하루는 그의 집에 놀러온 친구들이 이를 보게 되었다. 그 후로 친구들은 그를 놀리며 비웃었다. 어떤 친구는 그를 정신병자라고 비아냥거리기까지 했다. 훗날 대통령에 당선된 그는 이렇게 말했다.

"당시 내 꿈은 대통령이었습니다. 나는 대통령이라는 직책이 나와 가장 잘 맞는 직업이라고 생각했습니다. 사람이 분명한 목표가 없으면 삶이 무료하고 평범해지게 마련이죠. 특히 정치계에 몸담고 있는 사람이 대통령에 대한 희망이 없다면 무능하다고 말할 수밖에 없습니다."

김영삼은 나무에 조각칼로 글자를 새기듯이 가슴에 대통령이라는 꿈을 새겼다. 그리고 그는 자신이 마치 대통령이 된 것처럼 말하고 행동했다. 그 결과 그는 대한민국 대통령에 당선되었다.

독일의 제9대 대통령 호르스트 쾰러도 김영삼 못지않게 확고한 꿈을 가지고 있었다. 그러나 그는 왜소한 체격에 뒷받침해줄 집안 배경이 없었다. 그런 그가 내통령이 되겠다는 일념 하나로 대통령 선거에 뛰어들자 많은 사람들이 그를 비웃었다.

한 잡지의 편집자는 자신의 부하직원들에게 호르스트 쾰러를 취재하는 것은 단순히 시간 낭비일 뿐이라고까지 했다. 하지만 그는 많은 사람들의 냉대와 부정적인 시선에도 흔들리지 않고 대통령이 되겠다는 자신감으로 가득했다.

그는 대통령이 되고자 하는 자신의 의지를 이렇게 피력했다.

"나는 반드시 대통령이 될 것이다. 여러분은 나를 잘 지켜보아야 할 것이다! 만약 평생 단 한 가지만 이루려고 노력하는 사람이 있다면 그는 분명 성공할 것이다. 나 역시 단 한 가지만 바라고 있다. 그것은 바로 독일의 대통령이 되어 국민들의 생활에 도움을 주고자 하는 것이다."

마침내 그는 '대통령'이라는 꿈을 이루었다. 그런데 아이러니한 것은 그를 무시했던 그 편집자가 이런 기사를 썼다는 것이다.

'나는 일찍부터 호르스트 쾰러가 보통 인물이 아니라는 것을 알고 있었다.'

10대 시절은 자신의 꿈을 설정하고 그것을 실현시킬 수 있는 체력을 강화하는 시기이다. 이때 불안한 미래로 인해 의기소침해 있다면 어두운 미래를 맞이할 수밖에 없다. 창창소년(蒼蒼少年)으로 확고한 꿈과 목표를 설정하라. 그리고 한 우물을 파듯이 끝까지 파내려 가보자. 분명 갈증을 한 방에 날려줄 시원한 샘물을 맛보게 될 것이다.

1994년 영화 〈구미호〉에서 고소영과 합을 맞추며 데뷔했고, 1997년 액션영화 〈비트〉의 아웃사이더 파이터 역과 이정재와 공동주연을 맡았던 〈태양은 없다〉로 일약 스타덤에 올라 2019년 현재까지 영화와 드라마를 종횡무진하며 그 인기를 구가하고 있는 배우 정우성, 그의 최종 학력은 중졸이다.

가난한 집안 사정 때문에 그는 중학교 내내 여러 아르바이트를 전전해야 했다. 원래 그는 은행직원이 되기 위해 친구와 함께 상고에 진학했다. 그러나 그 친구가 선배들과 엮인 사건으로 자퇴하자 선배들이 정우성을 주목하기 시작했고, 그는 학교를 그만둘 수밖에 없었다. 자퇴 후, 그는 피팅 모델을 시작으로 화보를 찍으며 정기적인 수입을 내기 시작했고 곧 영화계에 진출했다. 그는 MBC 〈황금어장-무릎팍도사〉에서 자퇴 당시를 이렇게 회상했다.

"길이 안 보이더라. 마음이 안정이 안 되는 것도 컸다. 어머니를 모시고 자퇴서를 냈을 때 느낌은 '되게 조용하다'였다. 그리고 참 미안했던 마음이 남는다. (중략) 현실은 배고프더라."

그의 학력이 공개된 이후 많은 사람들이 그를 비난했으나, 정우성은 결코 자신의 학력을 숨기거나 부끄러워하지 않았다. 그는 오히려 최근의 악플에도 의연하게 소신을 밝혔다.

"공격에 신경 쓰지 않는다. 잃을 게 없다."

그는 최근에 10여 년 동안 영화에 대해 꾸준히 공부를 해왔고, 영화 감독의 꿈도 이루려 노력하고 있다고 한다.

참고 문헌

• 『상추 CEO』 류근모, 지식공간
• 『공병호 미래 인재의 조건』, 공병호, 21세기북스

2장

혼자 하는 공부가
기적을 만든다

01 마음껏 공부할 수 있는 시간은 지금뿐이다

어른들은 10대에게 "마음껏 공부할 수 있는 시간은 지금뿐이다."라고 말한다. 이는 단순히 어른들이 10대들에게 위기의식을 조장해서 치열하게 공부하게끔 하려는 의도가 아니다. 인생에는 공부해야 하는 시기가 있고 열심히 일해야 하는 시기가 있다. 열심히 공부해야 하는 시기에 딴짓하고 열심히 일해야 하는 시기에 논다면 미래는 암울할 수밖에 없다.

한 독자에게 다음과 같은 메일을 받은 적이 있다.

"고등학교 시절, 시원찮은 성적표를 내미는 저에게 아버지는 무미건조하게 한마디 하셨습니다.

'공부도 다 때가 있다.'

그게 무슨 뜻인지 그동안 모르고 살았습니다. 하늘의 뜻을 알게 된다는 지천명(50세)에 접어든 지금 뒤늦은 공부에 매달리고 있습니다. 10대 시절 아버지가 하셨던 그 한마디가 자꾸만 가슴에 사무치는 건 무엇 때문일까요?”

서른 중반에 가까운 나 역시 10대 시절 열심히 공부하지 못해서 아쉬움이 남는데 쉰에 접어든 독자는 어떤 심정일까? 다음은 포털 사이트 네이버의 어느 게시판에 ‘젊은애기엄마’라는 닉네임의 네티즌이 올린 글이다(문맥이 매끄럽도록 약간의 수정을 했다).

“취업을 위해 원서를 넣었는데 다행히 1차 서류심사에 합격을 하고, 지금은 2차 필기시험을 준비하고 있다. 갑작스레 언어, 영어, 수학, 상식, 한자 등 공부를 하려니 내 머릿속에 혼란이 오기 시작한다. 다행히 주식을 하면서 책을 가까이한 덕분에 책을 보며 앉아 있는 일은 그다지 어렵지 않지만 고교시절 교과학습을 아주 게을리한 탓에 영어와 수학 때문에 정말 눈물이 날 지경이다.

너무 오래 지난 것이라 생각도 잘 나지 않는 데다 기본이 너무 없어서 정답 풀이를 보아도 무슨 뜻인지 알기가 힘들다. 누구한테 물어볼 사람도 가까이에 없고, 동네 학생들에게 물어보려니 이것도 모르나 하고 속으로 흉볼까 싶어 부끄러워 물어보지도 못하겠다.

모르는 것을 물어보는 것을 부끄럽게 생각하지 않았는데, 중·고교 수준에서도 기본적인 것들을 물어보려니 너무 부끄러워서 도저히 물

어볼 수 없을 것 같다.

문득 '공부는 다 때가 있다.'라는 말이 생각났다. 나중에 어른이 되어서 정신을 차리고 그때 해도 늦지는 않은 것이라고 항상 생각해왔는데 살아가다 보니 때가 있기는 한 것 같다."

대부분의 사람이 학창시절 "공부도 다 때가 있다."라는 말을 한쪽 귀로 듣고 한쪽 귀로 흘렸을 것이다. 하지만 어느 정도 인생을 살고 나면 흘려버린 줄로만 알았던 부모님의 말씀이 새록새록 떠오르게 된다. 학창시절을 충실하게 보내지 않은 사람일수록 더욱 심하다.

그러나 어쩌겠는가? 마음껏 공부하여 인생을 바꿀 수 있는 '때'가 훌쩍 지나버렸는데…. 그래서 어른들은 10대 시절이 그립다고 말한다. 이는 그 어떤 것에도 얽매이지 않고 공부만 할 수 있는 여건이 갖추어진 그때가 그립다는 뜻이다. 그 말속에는 '그때 열심히 공부했더라면 지금처럼 살지는 않을 텐데….', '다시 학창시절로 돌아갈 수만 있다면 죽을힘을 다해 공부할 텐데….'라는 아쉬움이 담겨 있다.

세계적인 영화배우 성룡은 무명시절부터 홍콩의 한 초등학교에 기부를 했다. 그리고 마침내 유명세를 타고 한 대학에서 명예박사 학위를 받게 되었다. 그때 그는 다음과 같은 이야기를 했다.

"지금 이 강당에 계신 분 가운데 저보다 학력이 낮은 분은 단 한 분도 계시지 않을 겁니다. 저는 초등학교를 중퇴했습니다. 너무나 가난해서였습니다. 그래서 어린 시절 언젠가 내가 돈을 많이 벌어 때가 되면 원 없이 공부만 하겠다고 결심했지요. 저는 열심히 일했고 또 운이 따랐습니다. 그래서 공부를 하려고 했어요. 하지만 아무리 애써도 머리에 들어가지 않더군요. 공부에는 다 때가 있다는 것을 깨달았어요. 여러분, 특히 학생 여러분, 지금 여러분이 학생이라는 것을 다행스럽게 생각하세요."

세계적인 배우이자, 부호인 성룡이 왜 뒤늦게 공부를 하려고 했을까? 학창시절 가난으로 공부를 하지 못했던 '한' 때문이다. 하지만 경제력을 갖추고 공부를 하려니 머리가 굳어 학창시절처럼 지식이 입력되지 않았다. 성룡의 예는 공부 머리는 때가 있다는 것을 깨닫게 한다.

직장인들 가운데 새벽이나 퇴근 후에 자격증 공부나 공무원 시험 준비를 하는 사람들이 있다. 하지만 대부분 계획대로 공부가 되지 않는다고 하소연한다. 가장 큰 이유로 사회적 이유와 경제적인 이유를 꼽을 수 있다. 결혼하지 않는 혼자의 몸이라면 어떻게든 공부할 시간을 확보할 수 있겠지만 결혼한 입장이라면 책임져야 할 가족이 있어 자유롭게 공부만 할 수 없다. 자칫 공부만 하다가 자녀들과 소원해지거나 부부 사이에 불화가 생길 수 있기 때문이다.

무엇보다 직장인들에게 가장 큰 공부의 적은 공부할 환경 조성이 안 된다는 것이다. 하루 종일 직장에서 일에 치여 살다 보니 쉴 시간이 없다. 그러니 공부를 해도 집중이 안되고 쉬고 싶은 마음뿐이다. 게다가

머리가 말랑말랑한 10대가 아닌 탓에 기억력이 감소한다. 기억을 위한 반복 암기 훈련을 하지 않은 탓도 크다. 떨어진 지구력도 공부를 하는 데 장애요소로 작용한다. 몸이 노동으로 피로해져 의자 등에 오래 앉아 있다 보면 허리나 팔 등에 통증을 느끼게 된다. 이렇듯 이런저런 이유로 직장인들은 공부를 하는 데 많은 제약이 따른다.

10대 시절만큼 풍요롭고 행복한 시절도 없다. 하지만 문제는 당사자인 10대가 자신이 얼마나 소중하고 행복한 시기를 보내고 있는지 모른다는 것이다. 10대 시절을 헛되이 보낸 사람치고 나이 들어 후회하지 않는 사람 못 봤다. 공부를 안 하면 손발이 고생한다는 말이 있듯이 힘든 일을 하며 살 수밖에 없다.

강인선의 저서 『힐러리처럼 일하고 콘디처럼 승리하라』에 보면 이런 글이 있다.

"공부도 연애도 때가 있다. 어떤 일을 할 때나 전략적으로 시기를 조정하라고 하면 지나치다고 할지 모르지만, 뒤죽박죽 만들어버리면 로마로 가는 길은 점점 멀고 고단해진다. 그래서 하버드 대학에 그런 충고가 구전돼 내려온다. 1학년 때 연애하며 타인에게 정열을 쏟기 전에 자기 자신에게 먼저 공을 들이라고.
가을은 독서의 계절이라고 하지만, 놀기에도 좋은 계절이다. 공부하기에 좋은 나이는 대개 연애하기에도 좋은 나이다. 그 나이에 무엇을 할지 선택하는 것은 당신의 자유지만, 동시에 책임이기도 하다."

　마음껏 공부할 수 있을 때 치열하게 공부하라. 지금 공부에 쏟는 땀
과 노력과 시간이 가까운 미래를 장밋빛으로 채색할 것이다.

02 죽을힘을 다해 공부하면 배우자 얼굴이 달라진다

세상에는 '공부'를 통해 인생역전을 이룬 사람들이 꽤 많다. 그들 중 대부분이 어려운 환경에서 자랐지만 공부에 목숨을 건 탓에 어린 시절 자신을 괴롭혔던 가난에서 벗어날 수 있었다. 그들의 인생을 살펴보면 가진 것 없는 사람에게 공부보다 더 든든한 백은 없다는 것을 다시금 깨달을 수 있었다.

나는 김태완의 저서 『공부, 피할 수 없다면 즐겨라』에서 공부를 통해 성공하는 인생을 사는 명사 20명의 진솔한 공부 이야기를 접할 수 있었다. 그 가운데 현재 법무법인 화우에서 활동 중인 박영립 변호사의 이야기를 잠깐 하고자 한다.

그는 초등학교를 졸업한 지 8년 만에 검정고시에 도전해 새로운 인생을 살고 있다. 그를 보면 공부가 한 사람의 인생을 어떻게 변화시키는지 알 수 있다.

박영립 변호사는 어려운 가정 형편 때문에 초등학교를 겨우 졸업한 뒤 중학교 진학을 포기해야 했다. 그는 또래 아이들이 학교에서 공부할 때 막노동꾼, 버스 승객 계수원, 양복점 기술자, 여관 조수 등 안 해본 일이 없다. 그러다 20세 때 '배움'의 중요성을 깨닫고 검정고시에 도전했다. 그는 남들이 6년 걸려서 배우는 중·고교 과정을 2년 만에 마쳤다. 그는 당시를 이렇게 회상했다.

"제 공부의 비결은 절박함이었습니다. 부모님의 도움을 전혀 기대하지 못했던 탓에 항상 '이 공부가 마지막'이라고 생각했어요. 밤 10시쯤 일을 마치고 돌아와 밥상을 펴놓고 공부했습니다. 사법 시험 준비를 할 때보다 더 치열하게 했던 것 같아요. 화장실 갈 때나 일할 때도 책을 놓지 않았습니다."

그는 검정고시에 머물지 않고 숭실대학교 법학과에 들어갔다. 그리고 사법고시에도 합격해 현재 변호사로 활동하고 있다.

그렇다면 박영립 변호사는 어떻게 해서 지금처럼 성공하는 인생을 살게 된 것일까? 그 해답은 '공부'에 있다. 그는 가난 때문에 중학교를 진학할 수 없었고 그 결과 제대로 된 직업을 가져보지 못했다. 그러다가 공부의 중요성을 깨닫고 공부에 매진하게 되었고 그 결과 '멋진 인생'이 펼쳐지게 된 것이다.

물론 그가 수월하게 공부를 했던 것은 아니다. 오히려 그 반대에 가깝다. 물질적, 환경적으로 열악했던 상황에서 공부했던 만큼 힘들었다. 하지만 다른 사람들보다 늦게 시작한 공부였던 만큼 더 절박했다.

김태완은『공부, 피할 수 없다면 즐겨라』에서 박영립 변호사의 당시 심경을 다음과 같이 묘사한다.

"지금 중도 포기하면 다시는 공부할 수 없을 것이라는 자극이 저를 일으켰던 것 같아요. '궁하면 통하기 마련'이라고 생각했어요. 오늘은 어제보다 낫고, 오늘보다 내일이 더 나아야 한다는 믿음을 마음속에 새겼습니다. 처음 중학교 검정고시에 도전할 때, '다른 친구들보다 8년이나 늦었잖아. 하지만 늦었다고 생각할 때가 가장 빠른 거야. 지금 이 순간부터 다시 시작하자.'라고 다짐했습니다."

그는 죽을힘을 다해 공부했고 숭실대학교에 합격했다. 전공을 법학과로 선택하고 나서 대학을 졸업하던 해 사법 시험 1차에 합격한 뒤 이듬해 2차에 합격하는 기쁨을 누렸다. 그렇게 그는 변호사가 되어 자신이 꿈꾸었던 인생을 살고 있다.

부모님과 선생님이 여러분에게 "죽을힘을 다해 공부하라"고 하는 데는 그만한 이유가 있다. 단순히 놀부 심보로 여러분을 괴롭히기 위해서가 아니다. 공부에 여러분의 인생과 미래가 달려 있기 때문이다.

학창시절의 성적은 죽어서도 남는다. 무엇보다 그 성적을 바탕으로 직장과 사회에서의 인맥이 그려진다. 학창시절 바닥을 기는 성적으로 마음에 드는 회사, 자아실현을 할 수 있는 회사에 들어간 사람의 예는 찾아보기 힘들다. 하나같이 스펙이 좋은 사람들이 좋은 직장, 즉 마음에 드는 직장을 꿰차게 된다.

공부와 성공의 관계는 떼려야 뗄 수 없는 관계이다. 공부는 성공이라는 정상으로 오르는 데 반드시 필요한 티켓과 같기 때문이다. 물론 발명왕 에디슨이나 자동차왕 헨리 포드, 현대그룹 창업자 정주영 회장 등과 같은 사람도 있다. 하지만 이 점을 간과해선 안 된다. 그들이 태어난 시기는 지금처럼 학벌로 사람을 판단하는 시대가 아니었다는 것이다. 그러나 지금은 어떤가? 사람의 인격과 성품과 같은 됨됨이보다 먼저 외모와 학벌로 그 사람을 판단하는 시대이다. 지금과 같은 시대에 변변찮은 스펙을 가지고 있다면 그렇지 않은 사람에 비해 매우 불리한 조건에 놓일 수밖에 없다.

그렇다. 제대로 한번 살아보고 싶다면 10대 시절에 공부에 미쳐야 한다. 공부가 그 모든 것을 가능하게 해준다. 어떤 직업이든지 이 악물고 공부하면 될 수 있고 이룰 수 있다.

미국 CBS의 프로듀서 마크 버넷은 이렇게 말했다.

"이민자들이 미국사회에서 성공할 확률은 미국 본토박이보다 훨씬 더 많다고 할 수 있다. 왜냐하면 미국 본토박이는 최후의 보루인 '안

전망'이라는 것이 있지만, 이민자의 경우는 그런 것이 없는, 그야말로 '맨땅에 헤딩하는' 절박한 처지이기 때문이다."

미국 사회에서 성공한 사람들 중 대다수는 이민자들이다. 조국을 떠나온 그들은 미국 사회에서 일어서지 못하면 더 이상 희망이 없다는 것을 뼈저리게 깨달았기 때문이다. 그래서 성공하기 위해서라면 아무리 고생스럽고 힘들어도, 때로 사람들의 조롱과 비아냥거림에도 굴하지 않고 묵묵히 일만 했다. 그 결과 초창기 자신들을 조롱하고 비아냥거렸던 사람들보다 더 우위에 서게 된 것이다.

이민자들이 미국사회에서 죽을힘을 다해 일하듯이 공부해보자. 죽을힘을 다할 때 불가능한 것은 없다. 바닥을 기던 성적이 오르고 공부에 자신감이 솟는다. 나도 할 수 있다는 생각마저 든다.

다음은 미국 방송인으로 유명한 빌 오릴리의 말이다.

"나는 언제나 열심히 일했다. 나는 열두 살 때부터 집에 페인트칠을 하면서 아르바이트를 했다. 나는 '일하는 부류'의 사람이다. 나는 '편안한 생물은 결코 성공할 수 없다'고 굳게 믿는 사람이다. 나의 근로의식은 아주 어린 시절에 형성되었다. 부모님은 그때 내게 이렇게 말씀하셨다. '우리는 네게 줄 만큼 풍족한 돈이 없단다. 그러니까 네가 필요한 것이 있으면, 네가 일해서 그것을 얻도록 해라.' 나는 그때 부모님의 그 말씀이 진리였다고 생각한다."

지금 여러분도 빌 오릴리의 어린 시절과 크게 다르지 않다. 여러분의 부모님 역시 여러분을 위해 모든 것을 해줄 수 있는 여건이 안 된다. 여러분이 가지고 싶고 이루고 싶은 것은 여러분의 힘으로 얻어야 한다. 그러려면 공부에 목숨 걸어야 한다. 공부가 바로 요술램프의 '지니'이기 때문이다.

03 선생님을 대하는 자세를 바꾸면 공부가 잘된다

얼마 전 중학교 2학년에 재학 중인 학생이 다음과 같은 질문을 했다.

"김태광 작가님, 학교에 가면 보통 폼도 잡고 좀 논다 싶은 애들이 등교 첫날부터 꼭 뒷자리 앉아 있어요. 그런데 뒷자리에 앉으면 성공 못 한다는 속설이 있는데 정말 진짜로 뒷자리에 앉으면 성공 못 하나요?"

위의 질문을 읽으며 나도 모르게 피식 웃음이 났다. 중학생 시절의 내 모습이 떠올랐기 때문이다. 나는 그 학생에게 이렇게 답 메일을 보냈다.

"앞자리보다 뒷자리를 선호하는 사람은 굳이 중·고등학교뿐 아니라 대학교, 직장인들 대상으로 하는 강연장에서도 흔히 볼 수 있습니다. 그런데 중요한 것은 인생은 뒷자리에 앉아서는 절대 성공할 수 없다는 것입니다. 힘들고 부담스러워도 늘 앞자리에 앉으려고 노력해야 하는 이유가 여기에 있답니다. 솔선수범, 그리고 자신의 인생을 책임지는 마음으로 앞자리에 앉는다면 자신도 모르는 사이에 인생의 앞줄에 선 자신을 발견하게 됩니다."

교실에서 어느 자리에 앉느냐에 따라 우등생인지 열등생인지 알 수 있다. 우등생은 대체적으로 앞자리에 앉는 반면에 열등생은 뒷자리에 앉기 때문이다. 앞자리는 선생님의 말씀이 귀에 속속 들어오지만 뒷자리는 선생님의 눈에 잘 띄지 않기 때문에 딴짓을 하게 된다.

우등생들 가운데 선생님을 싫어하는 학생이 거의 없다. 하지만 열등생 가운데 싫어하는 선생님들이 많은 편이다. 이유도 가지각색이다.

"국어 선생님은 성적으로 사람 차별해서 싫어."
"수학 선생님은 숙제를 많이 내줘서 싫어."
"영어 선생님은 잘난 체하는 것 같아 싫어."

그런데 중요한 것은 내가 선생님을 싫어하면 그 선생님이 가르치는 과목 역시 싫어지게 된다는 것이다. 그러면 자연히 그 과목의 성적이 떨어지게 되고 선생님의 관심 밖으로 밀려나게 된다. 결과적으로 선생님 역시 성적이 부진한 나를 싫어하게 되는 것이다. 사실 입이 마르고 닳도록 가르쳤는데 어떤 학생은 성적이 오르는데 비해 성적이 떨어진다면 기분이 좋을 리 없다.

공부를 잘하고 싶다면 선생님을 대하는 자세를 달리해야 한다. 선생님이 나를 좋아할 때까지 무작정 기다리기보다 내가 먼저 선생님의 관심을 끌어야 한다. 그러려면 가장 먼저 앞자리에 앉아 선생님의 말씀에 귀를 쫑긋 세우고 노트에 정성껏 필기를 하는 자세를 가져야 한다. 그러면 집중력도 높아져 그 과목의 성적이 오르고 자연스레 선생님을 싫어하던 마음이 눈 녹듯이 사라진다.

수업 시간 전 앞자리에 앉아야 하는 또 다른 이유가 있다. 그 이유를 시장조사 전문가로 활동하고 있는 이영직은 저서 『질문형? 학습법!』에서 다음과 같이 밝힌다.

"독일의 심리학자 에빙하우스는 「기억에 관하여」라는 논문에서 사람의 기억은 시간의 제곱에 반비례한다는 이론을 펴고 있다. 그에 의하면 학교에서 교사의 설명을 일방적으로 듣기만 하는 수업의 내용은 20분이 경과하면 절반 가까이 잊어버린다. 하루가 지나면 60%, 일주일이 지나면 70%, 1개월 후에는 80%를 잊어버린다. 단순 기억이기 때문이다.

그러나 몰랐던 것, 궁금해하던 것을 가슴에 의문부호로 품고 있다가 누군가의 설명으로 알게 되면 그것은 거의 평생 잊히지 않는다. 이해의 차원이기 때문이다. 기억은 유한하지만 이해는 영원하다. 이것이 완전학습이다."

앞자리에 앉아 적극적으로 수업에 임할 때 기억이 오래 지속된다는 것이다. 사실 앞자리에 앉아 있으면 선생님의 시야에 확 들어오기 때문에 절대 딴짓을 할 수 없다. 그러니 집중력이 높아져 귀에 속속 들어와 공부를 잘할 수밖에 없는 것이다.

선생님의 제스처를 함께 보면서 말씀을 듣는다면 훨씬 기억이 오래 간다. 그 이유를 이영직은 이렇게 말한다.

"인간의 뇌는 전해 들은 내용만 분리해서 별도로 기억하는 것이 아니라 이야기가 전달되는 상황이나 과정을 종합하여 뭉텅이로 기억한다. 강의를 강의실 현장에서 듣는 것과 라디오나 녹음으로 듣는 것의 차이로 이해하면 쉽다.
강의실에서는 교수님의 행동, 강조할 때의 표정, 칠판에 쓴 그림이나 글씨, 교실 분위기와 같은 상황들이 종합되어 기억되기 때문에 학습효과가 훨씬 더 높다."

공부는 학창시절에 반짝 하는 것이 아니다. 죽을 때까지 평생 해야 하는 것이 공부다. 청소년은 좋은 대학에 들어가기 위해 공부하고, 대학생은 원하는 기업이나 자격증을 취득하기 위해 공부에 열을 올린다.

직장인이 되어서도 공부는 끝나지 않는다. 경쟁자를 앞서기 위해, 좀 더 풍요로운 인생을 위해 자기계발을 하게 된다. 따라서 학창시절에 올바른 공부 자세를 몸에 익히면 여러모로 도움이 된다.

김태완의 저서 『공부, 피할 수 없다면 즐겨라』에 여성 물리학자이자 전 국회의원인 박영아 교수의 학창시절 공부 자세에 대해 나온다.

"선생님이나 아이들에게 '노는 것 같은데 공부는 잘한다.'라는 말을 많이 들었습니다. 그러나 공부를 안 하는 것처럼 보였어도 수업 시간에 엄청 집중했어요. 그리고 그 내용을 100% 소화하기 위해 반복하는 노력을 했습니다. 제한된 시간 내 시험 문제를 풀기 위해선 반복 학습이 가장 중요하죠."

박영아 교수는 학창시절 공부의 중요성을 강조한다.

"학창 시절은 인류가 축적한 경험과 지식, 언어와 수리, 역사와 과학을 마음껏 배울 수 있는, 축복받은 기간입니다. 그때 공부에 집중하면 지적으로나 정신적으로 풍부한 삶을 살 수 있는 기초를 닦게 됩니다."

학창시절 하는 공부가 남은 인생의 주춧돌 역할을 해주기 때문이다. 공부 잘하는 학생, 성적이 좋은 학생이 반드시 성공하는 인생을 사는 것은 아니다. 그러나 대학 졸업 후 기업에 입사할 때 성적이 입사담당자들의 근면, 성실성 등을 판단하는 기준이 된다.

만일 여러분이 기업의 입사담당자라고 가정해보자. 좋은 대학과 좋은 성적표, 여기에 높은 스펙을 갖춘 사람과 그저 그런 대학과 저조한 성적표, 내세울 것 없는 스펙을 가진 사람 중에 어떤 사람을 채용하겠는가? 아마 여러분 역시 전자에 높은 점수를 주었을 것이다.

기업의 입사담당자들도 여러분과 같은 마음이다. 학창시절 고생해서 한 공부가 평생 따라다닌다는 것을 명심해야 한다. 따라서 지금 공부할 수 있을 때 요령 피우지 말고 공부하라. 지금 공부하며 흘린 피땀이 가까운 미래에 수천 배 수익으로 돌아올 테니.

04 머리가 아닌 엉덩이로 공부하라

아프리카의 대통령이 중국의 지도자 등소평에게 물었다.

"일을 처리하는 데 좋은 방법이 있으십니까?"
"인내이지요."

일상생활에서 항상 접하는 인내심이 바로 그의 대답이었다. TV 프로그램에서 어느 기자가 정치계의 거물을 취재하며 물었다.

"정치계에서 출세하려면 어떻게 해야 할까요?"
"인내하는 것이지요."

어떤 분야에서 성공하려면 노력과 함께 강한 인내심이 필요하다. 만약 인내심이 없다면 성공을 눈앞에 두고 포기하게 된다. 성공한 사람들에게 성공한 비결을 물어보면 "한 우물을 파라"고 말한다. 쉽게 말해 메뚜기처럼 이 일 저 일 기웃거리기보다 지금 하는 일에 집중하라는 뜻이다. 그것이 성공의 비결인 셈이다.

공부 역시 잘하기 위해선 인내심이 수반되어야 한다. 우등생들은 머리가 아닌 엉덩이로 공부하는 친구들이다. 몇 시간이고 책상에 앉아 공부할 수 있는 인내심을 가지고 있다. 몇 시간 동안 책상에 앉아 있게 되면 어떻게든 지식이 머리에 들어가기 때문이다. 하지만 열등생들은 책상에 진득하게 앉아 있지를 못한다. 설사 앉아 있더라도 휴대폰으로 친구들에게 문자 메시지를 보내거나 엉뚱한 상상으로 시간을 허비한다. 공부를 하며 소진해야 할 에너지를 불필요한 곳에 소진하는 것이다. 그러니 성적이 오르지 않고 바닥을 기게 된다.

'배움에는 때가 있다.'라고 했다. 지금 공부할 수 있을 때 행복한 마음으로 최선을 다해 공부해야 한다. 10대 가운데 어려운 형편으로 공부만 할 수 없는 친구들도 있다. 새벽에 신문을 돌리거나 방과 후 아르바이트를 해야 하기 때문이다. 그 친구들에게 소원이 무엇이냐고 물어보면 "공부만 하는 것"이라고 말한다. 성공한 사람들 대부분 10대 시절 마음껏 공부만 할 수 없던 처지였다. 그런데도 성공할 수 있었던 것은 공부에 대한 절실함 때문이었다.

연주의 옆집 옥탑방에는 소아마비에 걸린 소녀가 살고 있었다. 그 소녀는 아주 어렸을 때 어머니를 잃고 아버지와 단둘이 살았다.

아이들이 아침에 학교 가는 시간이면 그 소녀는 언제나 마을 공터에서 혼자 놀곤 했다. 아이들은 그 소녀를 보며 히죽히죽 웃으며 놀려댔다. 그러나 소녀는 아이들의 놀림에도 아랑곳하지 않고 가방을 메고 걸어가는 아이들을 물끄러미 쳐다볼 뿐이었다.

어느 날, 연주의 아버지는 우연히 소녀를 알게 되었다. 그날 저녁 식사 때 아버지가 옆집에 사는 소녀에 대해 말했다. 그때 연주가 아버지에게 말했다.

"아빠, 다른 애들이 그러는데 그 애는 소아마비래요. 그래서 매일 혼자서 놀고 집에만 있나 봐요."

딸의 말에 연주의 아버지는 안쓰러운 마음이 들었다.

"저런, 아직 어린데 딱하기도 하지."

며칠이 지난 어느 날 저녁이었다. 연주의 아버지가 갑자기 창고에 버려둔 낡은 책상을 들어내는 것이었다. 그리고 부러진 책상 다리를 못질해 다시 붙이고, 마당 한가운데 전깃줄을 연결해 전등까지 켜는 것이었다. 마치 소학교처럼 느껴졌다.
잠시 후 연주의 아버지는 미소를 띠며 딸에게 말했다.

"자, 오늘부터 아빠랑 여기서 공부하도록 하자. 이제 아빠가 우리 예쁜 딸 과외 선생님이다."

연주는 무슨 영문인지도 모른 채 아버지와 공부를 하게 되었다. 아버지는 연주에게 글을 읽어준 후 따라 읽으라고 말했다.

"자, 방금 아빠가 읽어준 부분을 우리 연주가 큰 소리로 읽어보자꾸나."

그날부터 연주는 하루도 빠지지 않고 매일 두 시간씩 공부했다. 연주는 아버지와 함께 교과서와 동화책을 읽는 것이 너무나 즐거웠다. 그렇게 6개월간 수업을 해왔을 때였다. 어느 날, 옆집 옥탑방에 살던 아이네 집이 이사를 가게 되었다.

이삿짐센터 인부 몇 명이 분주하게 이삿짐을 트럭에 싣고 있었다. 때마침 퇴근길에 이삿짐 트럭을 본 연주의 아버지가 소녀에게 물었다.

"얘야, 이사 가니?"

"네."

"얘야, 아저씨가 부탁 하나 하마. 다른 곳에 가서도 공부를 계속하려무나. 아저씨는 네가 꼭 훌륭한 사람이 될 것이라고 믿는단다."

어느덧 많은 세월이 흘렀다. 연주도 어엿한 여대생이 되었고 아버지

역시 흰머리가 희끗희끗한 중년이 되었다. 어느 날 소포 하나가 집으로 배달되었다. 소포에는 낯선 이름과 주소가 적혀 있었다. 연주의 아버지는 '누굴까' 고개를 갸웃거리며 조심스레 소포를 뜯었다. 소포 속에는 동화책 한 권과 편지 한 통이 들어 있었다.

'오래전 옆집 옥탑방에 살았던 소아마비 소녀를 기억하시는지요? 그때 따님에게 읽어주시던 동화가 얼마나 재미있던지 날마다 반쯤 열려진 대문 틈으로 도둑수업을 했었답니다. 그 도둑수업으로 글을 깨쳤고, 용기를 얻어 이사 후 검정고시를 치고 대학까지 마쳤습니다. 그리고 얼마 전 동화 문학공모전에 당선되었고, 동화 작가가 되었습니다. 만약 그때 도둑수업을 할 수 없었다면 오늘의 저도 없었을 것입니다. 정말 감사하게 생각하고 있습니다.'

그날 밤, 연주의 아버지는 그 소녀에게 받은 한 권의 동화책을 읽고 또 읽으며 밤을 지새웠다.

소아마비 소녀 이야기는 우리에게 두 가지를 깨닫게 해준다. 공부가 절실한 사람의 집중력이 그렇지 못한 사람에 비해 몇 배나 강하다는 것과 비록 환경이 열악하더라도 꾸준히 공부가 습관화되면 놀라운 실력이 나온다는 것이다. 따라서 강한 집중력과 공부의 습관화가 이루어진다면 그 누구도 당해낼 수 없게 된다.

공부 잘하는 학생들에게 발견되는 공통된 특징이 있다. 그것은 공부가 습관화되어 있다는 것이다. '습관은 제2의 천성'이라는 말이 있듯이 공부가 습관화되어 있다면 공부는 유쾌한 게임에 지나지 않는다. 단 하루라도 공부를 하지 않고 그냥 지나간다면 하루를 잘못 산 것 같은 찜찜함마저 느끼게 된다. 그래서 우등생들은 부모님이나 선생님이 강요하지 않아도 스스로 알아서 공부한다. 공부가 습관화되어 있기 때문이다. 책상에 앉아 공부하는 것이 친구들과 운동을 하거나 휴대폰 문자 메시지를 보내는 것보다 더 재미있기 때문이다.

공부와 담쌓은 사람도 딱 3개월만 책상에 앉아 공부하는 습관을 들인다면 성적이 상승곡선을 그리는 놀라운 체험을 할 수 있다. 그 이유는 황홀한 상태를 만드는 물질인 베타엔도르핀과 엔케팔린(enkephalin)이라는 쾌락 호르몬 때문이다. 의학박사 사토 도미오의 저서『성공을 부르는 긍정의 힘』에서 그 이유가 잘 설명되어 있다.

"조깅 붐이 일면서 교통사고를 당하는 사람이 급증했는데, 원인은 달리는 사람의 단순한 부주의 때문만은 아니었다. 어느 정도 달리다 보면 기분이 좋아지고 몸이 가벼워지면서 황홀한 상태에 빠진다. 이때 정면에서 달려오는 자동차도 장난감처럼 보이는 등 하이 상태가 되는 것이다.

이것이 사회적인 문제로 대두되면서 원인을 철저히 규명하기에 이르렀다. 황홀한 상태를 만드는 물질은 베타엔도르핀과 엔케팔린(enkephalin)이라는 쾌락 호르몬이었다.

이 일을 계기로 쾌락 호르몬을 연구하기 시작했디. 먼저 무리해서 빨리 달릴 때는 쾌락 호르몬이 분비되지 않는다는 사실을 밝혀냈다.

천천히 달리기 시작한 지 15분 정도 지나자 쾌락 호르몬이 분비되고 혈액 속으로 방출되었다. 이 때문에 상쾌함과 황홀감을 느꼈던 것이다. 이 상태는 약 3시간에서 5시간 동안 지속되었다. (중략) 베타엔도르핀에는 중독성이 있다. 조깅을 3개월 정도 꾸준히 하면 베타엔도르핀의 포로가 되어 달리지 않고는 못 배긴다. 이 정도 되면 날마다 힘 들이지 않고 유쾌한 상태를 맛볼 수 있다."

공부도 조깅과 별반 다르지 않다. 공부가 습관화되어 있지 않은 학생이 책상에 앉아 진득하게 공부를 하는 것과 조깅이 습관화되어 있지 않은 사람이 천천히 몇십 분을 달리는 것과 비슷하다. 하지만 꾸준히 달리다 보면 상쾌함과 황홀감을 느끼게 된다. 이 과정을 3개월가량 지속한다면 상쾌함과 황홀감에 중독되어 누가 시키지 않아도 달리러 나가게 된다.

딱 3개월만 책상에 앉아 진득하게 공부해보라. 분명 공부가 몸에 배어 습관화될 것이다. 그때는 다른 사람이 뜯어말려도 책상에서 일어나지 않게 된다. 한 마디로 '공부의 맛'을 아는 것이다.

05 행복은 성적순이 아니라고? 성적순이다

10여 년 전 KBS 드라마 〈공부의 신〉이 인기를 끈 적이 있다. 바닥을 기는 열등생들이 조금씩 성장해나가는 모습을 그리고 있는 〈공부의 신〉은 공부뿐 아니라 이 시대의 '꼴찌'들에게 희망과 도전정신을 심어주었다는 평을 받았다.

어느 날 한 학생이 다음과 같은 메일을 보내왔다. 당시 고등학교 2학년이었던 K군은 드라마를 감명 깊게 보았다는 말과 함께 다음과 같이 덧붙였다.

"안녕하세요? 김태광 소장님. 김태광 소장님이 하신 말씀이 떠올랐습니다. 정말 저와 같은 사람이 성공할 길은 공부밖에 없는 것 같아요. 요즘 드라마 〈공부의 신〉을 감명 깊게 보고 있는데 재미뿐 아니라 느끼는 바도 많은 것 같습니다. 우리 학교 선생님 역시 드라마에 나오는 선생님과 똑같은 말씀을 자주 하세요. 시골에 살고 돈이 없기 때문에 명문대에 가지 못하면 평생 낙오자로 살 수밖에 없다고 독려하십니다. 강남에 살면서 과외 받는 애들은 드라마 내용에 공감할 수 없을지 모르겠지만 저에게 〈공부의 신〉은 현실에 와닿는 얘기예요."

우리나라에서 성공하려면 명문대를 나와야 한다는 인식이 팽배하다. 사실 성공한 사람들의 특징을 살펴보면 두 가지 사실을 알 수 있다. 가난한 환경에서 생활했다는 점과 명문대 혹은 수도권에 위치한 대학교를 졸업했다는 점이다. 이것이 무엇을 뜻하는 것일까? 성공하려면 어쩔 수 없이 명문대를 나와야 한다는 것이다. 명문대를 나와야 성공으로 이끌어주는 다양한 기회와 잡을 뿐 아니라 인맥을 쌓을 수 있기 때문이다.

그래도 10대 가운데 "행복은 성적순이 아니에요."라고 항변하는 사람이 있을 것이다. 그렇다면 『하루라도 공부만 할 수 있다면』의 저자 박철범의 사례를 살펴보자.

그는 장애인 부모를 두고 월세 5만 원을 내지 못해 쫓겨날 정도의 가난 속에서 죽을힘을 다해 공부한 결과 서울대 공대에 합격했다.

평소 그의 성적은 전교 꼴찌 수준으로 수학은 25점대에 머물렀다. 가난한 형편과 꿈과 목표의 부재로 자포자기 상태에서 공부에 손을 놓았던 것이다. 그는 살아가는 것이 고통이었고 고문이었다. 아무런 희망도 없었기 때문이다.

그러다 어느 날 문득 자신이 처한 상황이 신이나 타인을 원망한다고 해서 해결될 일이 아니라는 것을 절감했다. 그러자 마음속에서 그동안 등한시했던 공부에 대한 욕구가 강하게 솟아올랐다. 장애인 부모님과 자신이 지금과 같은 가난에서 벗어날 수 있는 길은 단 하나, 한국 최고의 명문대인 '서울대'에 들어가는 것이었다.

그는 죽을힘을 다해 공부했다. 그렇게 공부한 끝에 6개월 만에 전교 꼴찌에서 1등, 그리고 서울대 공대에 합격할 수 있었다. 가난으로 마음껏 공부할 수 없었던 그의 공부에 대한 절실함이 『하루라도 공부만할 수 있다면』이라는 책의 제목에 잘 나타나 있다.

그는 책에서 아침에 기상해 밤에 다시 잠들기까지 하루 동안 공부를 어떻게 해야 하는지에 대한 방법부터, 방학 때 공부하는 요령과 내신 성적을 관리하는 법을 소개하고 있다. 또한 수능을 완벽히 준비하는 방법과 공부하는 사람이 가져야 할 마음가짐에 대해서도 조언한다. 박철범은 그동안 자신이 겪어야했던 시행착오를 다른 수험생들은 겪지 않았으면 하는 간절한 바람을 가지고 있다.

현재 그는 TV 특강이나 학부모와 학생들을 대상으로 하는 강연 등으로 바쁘게 보내고 있다. 그동안 그는 여러 권의 저서를 출간했는데 꾸준히 독자들의 사랑을 받고 있다.

자, 여기서 이렇게 생각해보자. 만일 박철범이 죽을힘을 다해 공부하지 않았다면 6개월 만에 전교 꼴찌에서 1등이 되는 일도, 서울대 공대에 합격할 수도 없었을 것이다. 그렇다면 지금 그의 인생은 어떠할까? 생각만 해도 아찔하지 않은가? 그가 지금처럼 여러 권의 책을 출간할 수 있었고 TV 특강 등으로 언론의 조명을 받는 것은 가난한 환경 속에서 최선을 다해 공부한 끝에 서울대 공대에 들어갔기 때문이다.

2009년 12월 8일자, 국민일보 김창욱 기자는 "[한국인 성공&실패 DNA] 실패 DNA… 중견기업 13년차 김요한 과장 자신을 잃다"라는 제목의 기사를 소개했다.

"사람의 기질은 문화와 환경에 더 큰 영향을 받는다. 한국인의 기질도 오랜 세월 시련을 겪으면서 다져졌다. 한국인은 끊임없는 외세 침략과 저항 속에서 '유연성'이라는 고유 특성을 갖게 됐다. 그리고 유연성은 한국인의 유전자(DNA)에 녹아 내려 뛰어난 적응력, 감성, 풍류 등을 낳았다. 그러나 유연성이 지나쳐 부작용을 만들어내기도 했다. 두 사람이 만들어낸 삶의 궤적을 통해 한국, 한국인의 성공 DNA와 실패 DNA가 무엇인지 살펴봤다.

'저, 부장님.' '왜 그래, 김 과장?' 배를 내밀고 앉은 부장 앞에서 김요한(가명 · 40) 과장은 머뭇거렸다. 부장이 흘기며 채근했다. '할 말 있으면 빨리 하고 가.' 짜증스럽다는 투였다. 늘 그랬다.

김 과장은 어금니를 물었다. 양복 상의 안쪽 주머니에 넣어둔 흰 봉투를 만지작거렸다. '辭職書(사직서)'라고 적힌 봉투를 패대기치고 싶었다. '온갖 험한 꼴 다 겪고도 처자식 생각에 꾹 참고 버텼는데 이젠 도저히 못 봐주겠다.'라며 소리치고 싶었다.

김 과장은 중견기업 근무 13년차다. 그만두고 싶다는 생각을 13년간 했다. 남몰래 쓰고 찢어버린 사직서가 10통이 넘는다. 지긋지긋함은 해를 거듭할수록 심하다. 월급이 적어서가 아니다.

조직생활이 괴로웠다. 자기계발보다 권모술수와 줄서기가 난무했다. 온갖 연고와 학벌이 우선시됐다. 생산성 없는 술자리는 늘 자정을 넘겼다. 알면 알수록, 겪으면 겪을수록 회사가 싫어졌다.

김 과장은 입사 동기들보다 진급이 늦었다. 대입도, 취업도 남들보다 한 해씩 늦은 그였다. '명문대 출신 아니면 대기업에서 쳐다보지도 않는다'는 말에 재수했다. 그러고도 명문대는 못 갔다.

대학생 김요한은 열심히 공부했다. 교수들이 "한국도 이제 능력 중심"이라며 격려했다. 졸업을 앞두고 구직에 나섰다. 그러나 기업들은 그의 지원서를 삼키고 회답하지 않았다. 평균 학점 4.31점, 토익 945점, 각종 수상 경력. 이 모든 게 학벌 하나에 무너지나 싶었다. 1년 더 도전해 지금의 회사에 들어왔다.

신입사원 김요한은 명문대 출신 동기들에 가려졌다. '학교 어디 나왔어?' 만나는 선배마다 첫 질문이 같았다. 열 가지를 잘하다 한 가지를 그르치면 '그 대학 출신이 다 그렇지.'라는 타박이 쏟아졌다.

술자리는 괴로웠다. 선배들은 술이 한국 사회에서 성공의 윤활유라고 했다. 마시다 취하면 서로 흠잡다 치고받았다. 불만과 피로는 오히려 누적됐다.

동기들은 차례로 '라인(줄)'에 합류했다. 학교와 지역별로 줄을 섰다.

선두는 회사에서 힘 좀 쓰는 사람들이었다. 그들이 자기 사람을 챙겼다. 강원도 산골에서 상경한 그는 어디에도 끼지 못했다. (중략)"

우리는 기사를 통해 명문대 졸업이 곧 한국 사회에서의 성공과 직결된다는 것을 알 수 있다. 자신의 능력이 아무리 출중해도 명문대를 나오지 않으면 선입견이 생기게 된다. 그래서 출중한 능력조차 도매금으로 매겨지게 되는 것이다.

물론 이 말에 반론을 제기하는 사람도 있을 것이다. 하지만 주위를 둘러보라. 의사 아버지가 자녀를 의사로 만들고 명문대를 졸업한 부모가 자녀를 명문대에 보내는 것이 현실이다. 왜냐하면 이미 기득권층에 속한 부모가 그렇지 못한 부모에 비해 훨씬 많은 프리미엄을 누리기 때문이다.

인생의 행복과 성공은 출신 대학교와 성적에 많은 영향을 받는다. 10대 시절 한 우물을 파듯 미친 듯이 공부해야 하는 이유가 여기에 있다. 행복과 성공을 떠나, 학생이 공부를 소홀히 한다면 어떤 일을 하더라도 인정받지 못한다. 사람이 갖추어야 할 인성 가운데 으뜸인 근면, 성실함이 결여되었기 때문이다.

06 공부는 가장 공평한 게임이다

학창시절 나는 세상이 불공평하다고 생각했다. 잘사는 집의 친구들은 브랜드 옷과 신발에 용돈까지 넉넉했지만, 나는 시장에서 파는 브랜드가 없는 옷과 신발에다 용돈은 간혹 받았다. 당시는 부유한 부모를 둔 친구들이 얄미우면서도 부러웠다. 그러면서 신(神)과 부모님, 세상을 한없이 원망했다.

"우리 집은 왜 이렇게 가난한 걸까?"
"나도 잘사는 집에서 태어났더라면….'

이런 생각은 나의 자존감과 자신감을 무너뜨렸다. 그러던 어느 날 문득 이런 생각이 들었다.

"세상에 공평한 것도 있잖아. 공부는 가장 공평한 게임이야."

그 순간 나를 짓누르고 있는 모든 것이 사라졌다. 비로소 '공부는 가장 공평한 게임'이라는 것을 깨달았기 때문이다. 10대를 거쳐 직업세계에 몸담고 있는 어른들은 하나같이 공부에 대한 미련을 가지고 있다. 그래서 그들은 "세상이 불공평하다고 툴툴거리기보다 공평한 공부에서 좀 더 치열하게 승부를 보라"고 충고한다. 그렇다. 공부만큼 공평한 것도 없고 운명을 쉽게 바꿀 수 있는 기회도 없다.

공부는 노력하는 만큼 성과가 나온다. 물론 학생들 가운데 열심히 했는데도 성적이 오르지 않는다고 하소연하는 학생도 있다. 그땐 '열심'보다 '죽을힘'을 다해 공부하면 된다. 목숨을 걸고 한다면 평소 모르고 있던 잠재력까지 발휘되기 때문이다.

'괄목상대(刮目相對)'라는 고사성어가 있다. 학식이나 재주가 전에 비하여 딴 사람으로 보일 만큼 부쩍 늘었음을 뜻한다. 잠시 여러분의 이해를 돕기 위해 괄목상대의 유래를 살펴보자.

삼국시대 오나라 왕 손권의 장수 가운데 여몽이 있었다. 그는 어려서 매우 가난한 탓에 제대로 먹고 입지 못하였으며 형제가 없어 무척 외롭게 자랐다. 그는 글을 읽을 형편이 못되어 학식이 부족한 사람이었으나 가슴에 큰 뜻을 지녀 훗날 전공을 쌓아 훌륭한 장군이 되었다.

그런데 장군은 되었지만 학식이 부족한 여몽은 어느 날 손권으로부터 공부를 하라는 충고를 들었다. 그러자 여몽은 책 읽을 시간이 없다고 말했다. 손권은 여몽에게 자신이 젊었을 때 글을 읽었던 경험에 대해 얘기하고 지금도 역사와 병법에 관한 책을 쉬지 않고 읽고 있다고 말했다. 그러면서 그는 후한의 광무제도 변방의 일로 바쁠 때도 책을 놓지 않았으며, 위나라의 조조는 늙어서 배우기를 좋아했다는 말도 잊지 않았다. 손권의 말을 들은 여몽은 전쟁터에서도 손에서 책을 놓지 않고 학문에 정진했다.

그 후 중신 가운데 가장 유식한 재상 노숙이 전쟁터를 시찰하던 길에 오랜 친구인 여몽을 찾았다. 그런데 노숙은 대화를 나누다가 여몽이 박식해진 데 그만 놀라고 말았다.

노숙이 물었다.

"아니, 여보게. 언제 그렇게 공부했는가? 자네는 예전의 여몽이 아닐세그려."

그러자 여몽은 이렇게 대꾸했다.

"무릇 선비란 헤어진 지 사흘이 지나 다시 만났을 땐 눈을 비비고 볼 정도로 달라져 있어야 하는 법이지요."

훗날 여몽은 노숙의 뒤를 이어 재상의 자리까지 오르는가 하면, 촉의 명장 관우까지 사로잡는 큰 공을 세우게 된다.

나는 중·고등학교에서 강연을 할 때 괄목상대에 나오는 여몽처럼 공부하라고 조언한다. 자신의 처지를 불평하기보다 여몽처럼 치열하게 공부한다면 분명 운명을 바꾸는 기회를 잡을 수 있기 때문이다.

박철범은 저서『박철범의 하루 공부법』에서 이렇게 말했다.

"공부를 잘하면 특별해진다. 평범한 사람들과 다른 엘리트가 된다는 뜻이 아니라, 당신이 앞으로 다른 누군가가 쉽게 할 수 없는 일을 하게 된다는 뜻이다. 그런 의미에서 당신이 특별해진다는 말이다. 당신은 그만큼 자유로워지고, 인생에 대한 선택의 폭도 넓어진다.

그 과정은 생각보다 어렵지 않다. 아니, 오히려 재미있다. 공부는, 다른 누구를 위해서 하는 것이 아니지 않는가? 선생님을 위해서도 아니고, 부모님을 위해서도 아니다. 나를 위해, 내가 원하는 삶을 현실로 만들기 위해 하는 것이다. 스스로의 미래를 위해 하는 공부는 재미있을 수밖에 없다."

인기리에 종영한 드라마 〈공부의 신〉의 원작자 미타 노리후사는 이렇게 말했다.

"공부도 스포츠와 마찬가지로 개성을 살릴 수 있는 하나의 요소이다. 공부를 열심히 하면 점수가 오르고, 점수가 오르다 보면 자신감이 생기고, 기쁜 맘으로 더 매진할 수 있게 된다."

공부는 스포츠와 같다. 공평한 경기 규칙 속에서 경쟁자들과 자신의 기량을 마음껏 발휘한다. 그리고 자신의 노력에 따라 경기에서 이기거나 진다. 공부 역시 얼마나 독하게 하느냐에 따라 3년 후, 5년 후 미래가 달라진다. 운명이 바뀌는 것이다.

요즘은 10대가 아닌데도 공부하는 직장인들이 많다. 끊임없이 자기 계발하지 않고서는 생존할 수 없는 시대가 되었기 때문이다. 그래서 자신만의 전문성을 쌓기 위해 학창시절보다 더 치열하게 공부에 매진 하는 것이다. 하지만 낮에 회사에서 일을 하고 퇴근 후나 출근 전 새벽에 공부하는 것은 생각처럼 쉽지 않다. 따라서 오로지 공부에만 전념할 수 있는 여러분은 얼마나 행복한지 모른다.

다시 말하지만 공부는 가장 공평한 게임이다. 여러분이 쏟은 땀과 노력만큼 결실을 얻는 것이 공부다. 아직 여러분의 운명은 정해지지 않았다. 지금부터 어떤 태도로 공부를 하느냐에 따라 운명이 정해진다. 이왕 하는 공부 사력을 다해 해보라. 단기간의 투자로 운명이 바뀌고 미래가 눈부시다면 이보다 더 확실한 투자가 또 있을까?

07 더 나은 미래를 꿈꾼다면 책을 가까이하라

나는 오래전부터 독서를 생활화하고 있다. 한 달에 20여 권의 책을 읽고 총 1만 권 이상 읽었다. 내가 그동안 200여 권의 책을 집필할 수 있었던 것도 오랜 기간 독서를 생활화한 덕분이라고 할 수 있다. 사람은 아는 만큼 생각하고 말할 수 있다는 말이 있다. 그 말처럼 그동안 읽은 수천 권의 지식과 경험들 덕분에 자유자재로 기획하고 글을 쓸 수 있게 되었다.

그런데 나는 책을 읽으면서 한 가지 뒤늦게 깨달은 점이 있다. 책을 읽은 후에는 반드시 독서 노트를 써야 한다는 것이다. 독서 노트를 쓰지 않으면 책에서 읽었던 귀중한 지식 대부분이 망각되고 만다. 『질문이 답이다』의 저자 이호선은 독서 노트의 중요성을 이렇게 말했다.

"나는 일찍부터 일기를 써왔지만 독서한 후 기록을 남기는 일은 30

대 중반부터 시작했다. '왜 좀 더 빨리 시작하지 않았을까?' 하는 후회가 들 정도로 많은 도움이 된다. 수년 전에 읽은 책이지만 노트에 메모되어 있는 것을 보면 내용뿐만 아니라 그 당시의 주변 정황이나 느낌도 살아나기 때문이다.

책을 읽기만 하는 것은 씹지 않고 음식을 삼키는 것과 같다. 책의 내용을 기록해야 비로소 자기 것으로 소화되기 시작하고, 기억에도 오래 남는다. 책 제목과 저자, 출판사, 인상 깊은 구절 한두 개를 써놓기만 해도 나중에 그것을 보면 신기하게도 책 전체의 내용이 잘 떠오른다."

그렇다. 독서 노트를 쓰면 유익이 한두 가지가 아니다. 책을 읽을 당시는 언제까지나 기억할 수 있을 것 같지만 책을 덮고 하루만 지나도 감감한 것이 사실이다. 때론 글을 쓰기 위해 참고해야 할 때 어느 책에서 읽었는지 기억조차 나지 않을 때가 있다. 그때는 참으로 난감하다. 하지만 요즘은 독서 노트를 쓰니 이런 불편에서 자유로워졌다. 독서 노트만 펴보면 줄거리뿐 아니라 중요한 문구, 당시 읽었던 느낌까지 적혀 있기 때문이다.

여러분도 책을 읽고 난 후 반드시 독서 노트를 써보길 바란다. 처음에는 힘들고 귀찮지만 꾸준히 쓰다 보면 유익이 주는 즐거움에 푹 빠지게 될 것이다.

'적자생존'이라는 말이 있다. 환경에 적응하는 생물만이 살아남고, 그렇지 못한 것은 도태되어 멸망하는 현상을 뜻하는 말이 아니다. 문자 그대로 적는 자만 생존한다는 뜻이다.

성공한 사람들은 하나같이 메모의 달인이다. 그들의 말에 의하면 때로 메모가 아이디어가 되고 기획이 되고 돈이 된다고 한다. 대표적인 예로 이노 디자인의 김영세 사장은 갑자기 떠오른 생각을 메모했는데 나중에 이것이 12억 달러짜리 디자인이 되었다고 말한다. 박원순 서울시장도 메모광에 속한다. 덕분에 그의 집은 빈 공간이 없는데, 아이디어를 메모해놓은 메모 노트나 메모 종이, 포스트잇 등이 벽에 딕지녁지 기득 붙어 있기 때문이다.

사람들 가운데 메모를 습관적으로 하는 사람이 있는 반면에 아이디어가 떠올라도 적지 않는 사람이 있다. 전자는 메모를 해놓은 덕분에 절대 잊어버리지 않는다. 언제든 그 아이디어를 활용할 수 있다. 하지만 후자는 메모를 하지 않은 탓에 금세 잊어버리고 만다. 아무것도 생각나지 않을 그때 메모의 중요성에 대해 느끼게 된다.

초등학교도 졸업하지 못한 에디슨이 발명왕이 될 수 있었던 비결은 바로 메모하는 습관 덕분이다. 초등학교 선생님에게 바보 취급을 당한 뒤 학교를 그만둔 에디슨에게 어머니는 글쓰기와 일기 쓰기를 가르쳤다. 그는 영감을 얻기 위해 닥치는 대로 책을 읽고 일기를 쓰고 메모를 했다. 메모광이자 독서광인 그는 항상 아이디어의 활용방법을 생각하며 습관적으로 메모한 것이다.

그는 신문과 책, 자료를 통해 얻는 정보를 메모하는 과정에서 아이디어를 떠올렸다. 예를 들면 어느 날 그는 방화사건에 얽힌 보험 분쟁

기사를 보고 불에 강한 철근 콘크리트 주택과 관련된 아이디어를 떠올렸다. 그리고 새로운 집 짓기 공법으로 연결했다.

에디슨이 죽은 후 메모장만 3,200권이 발견되었다. 그리고 메모나 일기의 분량은 무려 500만 장에 이른다고 하니 그의 성공 비결을 '메모 습관'이라고 해도 과언이 아닐 것이다.

학생들 가운데 "어떻게 메모해야 잘하는 건지 모르겠어요."라고 말하는 사람도 있을 것이다. 메모는 잘할 필요도, 예쁘게 할 필요도 없다. 그냥 자신만 알아볼 수 있도록 생각나는 대로 적기만 하면 된다. 우등생들의 특징 중 하나가 바로 메모를 잘한다는 점이다. 노트를 들여다보면 이 학생이 공부를 잘하는지, 집중해서 수업을 들었는지, 내용은 제대로 이해하고 있는지를 알 수 있다. 독서를 할 때도 메모를 활용하면 생산적으로 할 수 있다.

아이디어는 어느 날 갑자기 뚝딱 나오는 것이 아니다. 무엇보다 좋은 아이디어를 생산하기 위해서는 평소 많은 것을 비축해 두어야 한다. 즉, 순간 떠오르는 생각들을 메모해야 한다는 말이다. 세상에는 머리가 뛰어난 사람들이 많다. 하지만 그들도 꼼꼼히 기록하는 사람을 당해낼 수는 없다는 것을 기억하자.

10대에게 독서 습관과 메모하는 습관은 중요하다. 하지만 그보다 더 중요한 것은 10대의 본분인 '공부하는 습관'이다. 학교 성적에 따라 자신이 들어가는 대학교 수준이 달라지고 급기야 직장과 만나는 사람,

미래에 영향을 주기 때문이다.

그렇다면 어떤 공부 습관을 들여야 할까? 스스로 계획과 목표를 세우고, 이를 주어진 시간 안에 달성하는 훈련을 꾸준히 반복할 필요가 있다. 전문가들에 의하면 이러한 훈련은 집중력을 향상시키는 효과도 있다고 한다.

공부란 자기와의 싸움일 뿐 아니라 의지력과 인내심을 단련해가는 일련의 과정이다. 그러나 하루 종일 책상에 엉덩이를 붙이고 앉아 있는 것은 고문과도 같다. 그렇지만 자신이 들어가고자 하는 대학과 이루고자 하는 꿈이 명확한 학생은 고문을 참고 이겨낸다. 묵묵히 앉아 최선을 다해 공부한다.

반면에 꿈이 확고하지 않거나 근성이 부족한 학생은 중도에 포기하고 만다. 그렇게 실패하는 습관에 젖게 된다. 기업에서 성적이 우수한 사람을 채용하려는 것은 그 사람의 근면 성실한 습관을 성적에서 찾기 때문이다. 공부가 본분인 학생이 성적이 낮다는 것은 직장인의 근태사항이 낮다는 것과 같은 맥락이다.

학창시절 우등생들 가운데서 성공한 사람이 많이 나온다. 그 이유는 강한 의지와 인내심으로 공부하는 훈련과정을 이겨냈기 때문이다. 이기는 습관이 몸에 밴 덕분이다. 그런 근성이 있기 때문에 사회에 나가서도 갖은 시련과 역경을 극복하고 정상에 오를 수 있는 것이다. 세상에 나가면 뼈저리게 느끼게 된다. 세상의 중심에는 학창시절 공부만 잘했던 범생이들이 있다는 것과 자신이 그 범생이들의 지시를 받아 일하게 된다는 것을.

21세기 대한민국의 첫 대통령, 노무현 전 대통령은 고졸 출신의 인권 변호사였다. 그는 김해의 농사짓는 가난한 집안에서 태어났다. 중학교 때까지 우수한 성적을 내면서 학교를 다녔으나 집안 사정 때문에 인문계 고등학교 진학을 포기하고 상업 고등학교에 입학했다. 졸업 후 건설 현장에서 노동자로 일하며 사법 시험을 준비했다. 입대 후 잠시 공부의 흐름이 끊겼으나 제대 후 바로 다시 공부를 시작했다.

그는 네 번째 도전 끝에 17회 사법시험에 합격했다. 2년 후에 대전지방법원 판사로 임용되었으나 이듬해 사직하고 변호사 사무실을 개업했다. 제5공화국 정권 때 부림 사건의 변론을 맡은 것이 계기가 되어 인권 변호사의 길을 걸었고, 정치계에 입문하여 2003년 16대 대통령으로 취임했다.

취임 2주 만에 검찰 개혁으로 '평검사와의 대화' 자리를 마련했을 때, 한 검사는 그에게 "언론에서 대통령님이 83학번이라는 보도를 봤다. 내가 83학번인데 동기생이 대통령이 됐구나 생각했다."라며 그의 학력을 비꼬았다.

그러나 그는 굴하지 않고 파격적인 행보를 보였다. 대낮에 대중목욕탕에 나타나거나, 전용 비행기가 아닌 일반 비행기로 제주도 여행을 가서 민박 펜션에 묵었다. 아들의 결혼식에서 아들의 직장상사에게 고개 숙여 인사했다. 국정 운영에서도 번거로운 절차는 과감히 건너뛰고, 토론식으로 업무 보고를 했다. 그가 표방한 '참여정부'였다.

대한민국 헌정 사상 최초로 탄핵안이 가결된 대통령이었으나, 정치인생 동안 늘 지역주의, 권위주의를 타파하려고 노력한 '서민 대통령'이었다.

- 『힐러리처럼 일하고 콘디처럼 승리하라』, 강인선, 웅진지식하우스
- 『공부, 피할 수 없다면 즐겨라』, 김태완, 맛있는공부
- 『질문형? 학습!』, 이영직, 스마트주니어
- 『성공을 부르는 긍정의 힘』, 사토 도미오, 솔과학
- "[한국인 성공&실패 DNA] 실패DNA… 중견기업 13년차 김요한 과장 자신을 잃다" 〈국민일보〉 2009.12.08
- 『박철범의 하루 공부법』, 박철범, 다산에듀
- 『질문이 답이다』, 이호선, 청림출판

3장

도전하는 사람에게 기회가 찾아온다

01 가는 줄에 묶인 코끼리가 되지 마라

　세상에는 두 종류의 코끼리가 있다. 밀림에서 마음껏 자유를 만끽하며 사는 코끼리와 어린 시절에 사람들의 손에 사로잡혀 길들여진 코끼리이다. 두 코끼리의 가장 큰 차이점으로 자신감과 의지력을 꼽을 수 있다. 밀림에서 사는 코끼리는 강한 자신감과 의지력으로 큰 덩치로 거칠 것이 없다. 하마나 사자, 악어와 같은 사나운 동물들도 코끼리 앞에서는 꼬리를 내린다.

　그러나 서커스단에서 사람들이 시키는 대로 하는 코끼리는 자신감과 의지력을 찾아볼 수 없다. 사람들이 채찍을 휘둘러도 반항할 줄 모른다. 몇 톤이나 나가는 큰 덩치지만 왜 자신보다 덩치가 훨씬 작은 사람들에게 대항하지 못하는 것일까?

　그 이유를 알려면 먼저 서커스단에서 코끼리를 길들이는 방법에 대해 살펴볼 필요가 있다. 원주민들은 먼저 코끼리를 정글에서 유인하여 미리 만들어놓은 우리에 집어넣는다. 그리고 코끼리의 발목에 굵은 쇠사슬을 매어놓고 한 끝은 튼튼하고 굵은 나무 기둥에 묶어놓는다. 그 후 우리를 치우면 야생의 코끼리는 정글로 돌아가려고 발버둥을 치게 된다. 하지만 발목에 묶인 쇠사슬 때문에 고작 몇 발자국밖에 움직일 수가 없다. 처음에 코끼리는 쇠사슬로부터 벗어나기 위해 안간힘을 쓰지만 실패를 거듭하게 된다. 그러다 코끼리는 결국 '나는 절대 달아날 수 없어.'라며 체념하고 만다. 그 후 코끼리가 움직이기 좋도록 굵은 쇠사슬 대신에 가는 쇠사슬로 바꿔 묶는다. 비록 코끼리가 끊고 도망갈 수 있을 정도의 기둥과 줄에 묶어놓았지만 코끼리는 조금만 줄이 팽팽해지면 힘쓰기를 포기하고 만다. 코끼리는 쇠사슬이 팽팽해지면 다리에 고통이 가해진다고 생각하기 때문이다.

쇠사슬로부터 벗어나고자 하는 의지력을 상실한 코끼리는 그렇게 사람들이 마음대로 줄을 잡아당겨 훈련시킬 수 있는 서커스단의 코끼리로 전락하고 만다.

사람들 중에도 서커스단의 코끼리와 같은 사람이 있다. 그동안 경험한 실패 때문에 도전하면 충분히 할 수 있는 일조차 포기하고 만다. 코끼리가 어린 시절부터 쇠사슬로부터 벗어나기 위해 안간힘을 쓸 때 경험했던 고통과 마찬가지로 실패의 경험이 두렵기 때문이다. 이런 사람은 자신의 능력이 부족하다는 판단이 들면 온갖 변명과 핑계를 만들어 낸다. "나는 나이가 너무 많아서….", "나는 학벌이 낮아서 안 돼.", "나 같은 사람이 어떻게 그 일을 할 수 있겠어." 스스로 가는 줄에 묶인 코끼리 신세로 전락하고 마는 것이다.

성공한 사람들은 자신의 발목에 묶인 쇠사슬을 과감히 벗어던진 사람들이다. 물론 그들 역시 처음에는 쇠사슬에서 벗어나기 위해 안간힘을 썼을 테고, 고통스러웠을 것이다. 하지만 그들은 인생의 주인공이 자신이라는 것을 알았다. 그렇기에 발목의 고통을 꾹꾹 참아내며 쇠사슬에서 벗어나는 데 성공했던 것이다.

성공한 사람들은 '할 수 있다'는 강한 자신감과 의지력으로 무장해 있다. 그렇기에 성공한 사람들은 자신이 원하지 않는 한, 그 누구도 자신을 구속할 수도, 앞길을 가로막을 수 없다고 생각한다. 그래서 남들의 눈치를 보지 않고 '이 길이다' 싶으면 과감하게 도전한다.

나는 책과 강연을 통해 10대 혹은 대학생들에게 성공한 사람들을 벤치마킹하라는 말을 자주한다. 이 말 속에는 단순히 그들의 좋은 점만을 내 것으로 만들라는 뜻만 내포되어 있는 것은 아니다. 그들이 때로 생사의 갈림길에서 어떤 과감한 결정을 내렸는지, 그때의 심정까지 느껴보고 내 것으로 만들라는 뜻이다. 그러할 때 '나'의 잠재력을 구속하는 쇠사슬을 과감하게 끊어버릴 수 있다.

정신분석학의 대가인 윌슨 프로랜스은 저서『좋은 인생 좋은 습관』에서 두 사람의 성공 이야기를 소개하고 있다.

"스튜어트 오스틴 와이어는 건축기사로 일했다. 그러나 대공황으로 인해 건축기사 일이 없어져 자연히 수입원도 없어지게 되었다. 그는 직업을 바꾸기로 결심했다. 그래서 다시 학교에 재입학해 법률 전문지식을 배우기로 했다. 기업의 법률고문을 하기 위해서이다. 그는 훈련을 마치고 변호사 시험에도 합격해 바라던 대로 법률고문이 되어 높은 수익을 올렸다. (중략)

그때 와이어는 40세가 넘은 나이였다. 게다가 결혼도 한 상태였다. 그는 그가 필요로 하는 전문적인 지식을 가장 집중적으로 가르쳐 줄 강좌를 선택했다. 그렇기 때문에 보통 학생이라면 4년이 걸렸을 코스를 그는 2년 만에 모두 끝냈다.

어느 식품점에서 근무했던 판매원이 갑자기 일자리를 잃었다. 망설이던 그는 예전에 공부한 적이 있는 회계학 지식을 살리고자 특별강좌를 신청했다. 그 코스에서 최신 회계학을 배운 후 독립해서 회계 사무소를 차렸다. 그리고 예전에 자신이 근무했던 식품점을 비롯해 100여 개의 작은 회사와 계약을 체결해 낮은 요금으로 기장업무를 시작했다.

그의 판단은 적중했다. 얼마 안 돼서 버스를 개조한 차에 임시 회계 사무소를 차렸다. 차 안에 최신 계산기와 타이프라이터를 들여놓았다. 그런데 바로 이 아이디어도 적중해 지금은 많은 종업원을 거느린 큰 기업이 되었다. 이처럼 발전된 것도 그에게는 부기에 관한 전문지식을 효과적으로 활용해 사용하는 상상력이 있었기 때문이다. 후에 그는 이전에 받았던 급여의 10배도 넘는 소득세를 지불할 만큼 성장했다."

윌슨 프로랜스가 소개하는 두 사람은 자신의 발목에 채워진 쇠사슬을 과감하게 끊어버린 사람이다. 다른 사람들에게 쇠사슬은 한계였지만 그들은 그것을 벗어던진 덕분에 더 나은 삶으로 도약할 수 있었다.

위의 일화에서 보듯이 성공한 사람들은 절대 변명과 핑계를 대며 서커스단의 코끼리 신세가 되지 않는다.

바비 브라운은 사람들을 편안하게 해주는 자연스러운 이미지로 인기를 끌고 있는 메이크업 전문가이다. 그녀는 기업체에서 직장생활을 하다가 판에 박은 듯한 화장품 색깔에 싫증을 느끼고 자기만의 개성이 담긴 색깔을 창조하기 위해 창업했다. 갖은 어려움을 극복하고 지금은 60여 개국의 나라에서 1,000여 개가 넘는 화장품 매장을 운영하는 바비브라운(Bobbi Brown) 그룹의 총수로서 집필과 강연 활동으로 행복한 나날을 보내고 있다. 언젠가 그녀는 이런 말을 했다.

"만약에 당신이 뒷전으로 물러나서 다른 사람들이 모든 일을 다 해버릴 때까지 기다린다면 기회는 결코 당신 차지가 될 수 없다. 당신 앞에 문이 있다. 당신은 그 문을 통과해야만 한다. 그런데 그 문이 닫혔다. 그러면 당신은 뒷문을 통해서라도 들어가야만 한다."

그렇다. 세상은 갈림길에서 어정쩡하게 서 있는 사람에게 기회를 주지 않는다. 앞서가는 사람만이 기회를 자기 것으로 만들 수 있다. 뒤에 따라가는 사람은 앞서 가는 사람이 흘린 부스러기만 주울 뿐이다.

전 뉴욕 주지사 마리오 쿠오모는 어린 시절을 회상하며 다음과 같이 말했다.

"나의 어머니와 아버지는 아무 교육도 받지 못한 채, 이태리에서 이민 왔다. 나는 날마다 부모님이 뼈 빠지게 고생하면서 일하시는 것을 보면서 자랐다. 그들은 휴일도 없이, 영화구경 한 번도 해보지 못하고 평생 사셨다. 그들의 그런 어려운 형편이 나를 자극했다. 나는 절대로 그런 식으로 살지 말자고 스스로 다짐했다."

마리오 쿠오모의 부모님은 서커스단의 코끼리처럼 살았는지 모른다. 하시만 마리오 쿠오모는 그렇지 않았다. 자신의 힘으로 과감히 한계라는 쇠사슬을 끊어버렸고, 꿈꾸는 인생을 창조할 수 있었다.

세상에는 여러분의 잠재력을 꺾는 수많은 한계, 즉 쇠사슬이 있다. 하지만 여러분은 서커스단의 코끼리가 아니다. 여러분이 강한 자신감과 의지력으로 무장한다면 어떤 쇠사슬도 여러분을 구속할 수 없다. 오히려 그 쇠사슬이 여러분을 지금보다 더 나은 미래로 나아가게 해주는 도약대가 될 것이다.

02 시련은 나를 성장시키는 인생의 보약이다

사람은 시련에 부딪히면 두 부류로 나뉘게 된다. 시련과 맞서 싸워 극복함으로써 더 강해지는 사람과 시련을 피해 달아남으로써 약해지는 사람이다. 어떤 사람이 진정 행복한 인생을 살아갈 수 있을까?

세상에는 수많은 난관이 도사리고 있다. 치밀하게 세웠던 계획이 하루아침에 물거품이 되거나 잘나가던 사업이 어려움에 봉착할 때도 있다. 나 자신보다 더 믿었던 친구가 배신하거나 나만큼은 합격할 줄 알았던 면접시험에서 떨어질 때도 있다. 그때 맛보는 시련은 세상의 그 어떤 약보다 쓰다.

하지만 그렇다고 해서 그 시련으로부터 달아나선 안 된다. 시련을 극복하지 못하고 달아나는 사람에게 인생은 끊임없이 같은 시련을 숙제로 내주기 때문이다. 그리고 숙제를 완전히 마쳤을 때 더 단단한 사람이 되어 있다.

입사시험 때 면접관들은 군대를 제대한 사람, 즉 '군필자'를 선호한다. 면접관들은 병역사항을 통해 그 사람이 직장생활에서 다른 동료들과 조화롭게 잘 지낼 수 있으리라고 판단하기 때문이다. 군대를 제대했다는 것은 힘든 훈련과 규율, 동료애로 이루어진 군대라는 힘든 조직생활을 잘 견뎌냈다는 것을 뜻한다. 이는 사회생활을 하더라도 군대생활 못지않게 잘할 수 있겠다는 믿음으로 이어진다. 반면에 군대를 갔다 오지 않은 사람은 그 반대의 인상을 심어주게 된다.

e스포츠의 선구자, '황제' 임요환은 프로게이머에서 포커 플레이어로 전향해 활동하고 있다. 그는 올해 아시아 포커 투어 챔피언십 파이널에서 종합 2위에 랭크되기도 했다.

그는 1980년생으로, 프로게이머 시절에 공군 제대 후 30대 초반이라는 나이 때문에 은퇴의 기로에서 흔들리기도 했다. 하지만 그는 자신이 갈 길은 프로게이머라는 것을 다시금 깨달았다. 그런 그에게 나이는 숫자에 불과할 따름이었다. 임요환은 당시 인터뷰에서 다음과 같이 말했다.

"30대 프로게이머의 꿈을 시작한 지 벌써 1년이 흘렀습니다. 믿고 기다려주신 팬들에게 좋은 모습을 보여드리지 못해 죄송한 마음뿐입니다. 20대 때와 달리 30대 때 선수생활 한다는 것 자체가 어려운 일이라는 걸 몰랐습니다. 많은 노력을 했지만 별 성과를 얻지 못한 지난 1년이었습니다."

하지만 그는 "생각보다 쉽지 않았던 1년이었지만 팬들의 응원으로 여기까지 올 수 있었습니다. 늘 도전할 수 있는 건 행복한 일입니다. 아직 끝난 게 아닙니다."라며 꿈을 향해 나아갈 것임을 피력했다. 그렇다. 도전하는 일은 정말 행복한 일이다. 끊임없이 나를 연구하고 시험하고 실패하고 다시 도전하는 과정 속에서 진정한 성공이 만들어지기 때문이다.

그런데 살다 보면 많은 문제들이 생긴다. 그때 문제들만 확대되어 보일 뿐 해결책은 보이지 않는다. 그럴 때는 우선 문제점이 무엇인지 구체적으로 파악하는 것이 중요하다. 문제점을 확실하게 안다면 거기에 대응할 수 있는 대책을 마련할 수 있기 때문이다.

성공자들은 시련에 처했을 때 어떻게 행동하느냐가 미래를 좌우한다고 말한다. 물론 대부분의 사람은 시련에 직면하면 당황한 나머지 정신이 하나도 없다. 그래서 어렵사리 시련을 극복하더라도 그 시련으로부터 어떤 교훈도 찾지 못한다. 그래서 같은 실수를 반복하게 된다.

시련을 나를 성장시키는 보약으로 만드는 비법이 있다. 시련에 처했을 때 다음 3단계 과정을 활용해보기를 바란다.

① 상황 면밀히 검토하기

자신이 저질렀던 실수에 대해 자세히 고찰할 필요가 있다. 실패를 부른 자신의 생각이나 행동을 되짚어보며 그 당시 가진 느낌을 적어보라.

② 실패에서 교훈 얻기

실패를 돌이키며 막연히 자책만 해선 안 된다. '실패는 성공의 어머니'라는 말이 있듯이 실패 없는 성공은 있을 수 없다. 실패로부터 앞으로 활용할 수 있는 교훈을 얻어야 한다. 그 교훈은 미래에 성공의 피와 살이 되어줄 것이다.

③ 성공을 향해 도전하기

대부분 실패하는 습관을 가진 탓에 실패한다. 따라서 실패하는 습관은 버리고 성공하는 습관을 가져야 한다. 성공하는 습관은 성공을 끌어당기는 자석과도 같다.

문제점을 구체적으로 파악하는 방법이 있다. 그것은 단지 머릿속으로만 문제에 대해 생각하는 것이 아니라 메모지에 문제에 대해 적어보는 것이다. 이때 최대한 세세하게 적는 것이 좋다. 문제를 메모지에 기록하다 보면 더 이상 문제에 신경 쓰지 않고 해결책에만 집중하게 된다. 그러다 보면 자신도 모르게 문제에 대해 세세하게 알게 되고 막연하게 여겨졌던 해답이 또렷하게 보이기 시작한다.

그래서 나는 어려움에 빠진 사람들에게 이렇게 말한다.

"문제점들이 있으면 당황해하지 말고 즉각 종이에 그 문제들을 적어보세요. 문제들을 세세하게 기록하다 보면 분명 해결책을 찾을 수 있습니다. 문제가 아닌 해결책에 집중하기 때문이지요."

시인 정호승은 저서『내 인생에 힘이 되어준 한 마디』에서 사람이 살아가는 데 시련은 꼭 필요하다고 말한다.

"아무리 시련을 피하고자 해도 시련 없이 살아가는 사람은 아무도 없습니다. 누구나 시련 없이 살 수 있기를 간절히 바라지만 시련 없이는 인생이 형성되지 않습니다. 인생을 형성하는 요소 중에 결코 빠뜨려서는 안 되는 중요한 요소가 바로 시련입니다.

제가 시련을 수용하면 시련은 저를 위로해주지 않지만 강한 단련의 시간을 선물합니다. 어떠한 고난이 닥치더라도 견디고 일어날 수 있는 용기의 씨앗을 심어줍니다. 제게 용기의 씨앗이 자란다는 것은 울음을 참고 열심히 살아간다는 것을 의미합니다."

시련은 결코 신이 인간을 괴롭히기 위해 만든 발명품이 아니다. 오히려 그 반대이다. 나약한 인간을 더욱 강건하게 단련시키기 위해 주신 보약과 같다. 자신의 분야에서 최고가 된 사람들은 시련이라는 보약을 평범한 사람들에 비해 훨씬 많이 먹은 사람들이다. 지금의 그들을 성공이라는 정상에 이끈 것은 시련이다.

10대 여러분, 반드시 기억하길 바란다. 시련에 직면했을 때 어떤 생각, 행동을 하느냐가 현재뿐 아니라 미래까지 좌우한다는 것을.

03 운과 기회는 도전하는 사람에게만 온다

감나무 밑에 입을 벌리고 아무리 기다려도 입안에 홍시가 들어갈 리 만무하다. 홍시가 땅에 떨어지기 전에 행동가가 나서서 나무에 오르거나 긴 작대기를 이용해 따먹을 것이기 때문이다. 세상에는 가만히 앉아 운과 기회만 기다리는 사람들이 있다. 과연 그런 사람들에게 운과 기회가 다가올까? 절대 그렇지 않다. 운과 기회는 내가 끌어당겨야 다가온다. 쉽게 말해 자신이 바라는 것을 얻기 위해 계획을 행동으로 옮기는 과정에 얻는 것이 운과 기회인 것이다.

다음은 수많은 히트 곡을 탄생시킨 작곡가 다이안 워렌의 말이다.

"나는 기회주의자이다. 나에게는 '기회주의자'라는 말이 전혀 부정적으로 들리지 않는다. 기회주의자란 기회의 가치를 인식하는 사람이고, 그 기회를 적절한 시기에 잡는 사람을 말하는 것이다."

다이안 워렌의 말을 가슴에 새겨야 한다. 자신에게 다가온 기회를 낚아채는 '기회주의자'가 되어야 한다. 그러기 위해선 실패에 대해 불안하고 두렵더라도 도전해야만 한다. 설사 실패하더라도 돈을 살 수 없는 교훈을 얻게 된다.

마흔일곱 번째 면접에서 떨어진 한 젊은이가 마흔여덟 번째 면접에서 또다시 불합격 판정을 받은 뒤 문을 열고 밖으로 나오려는 순간이었다. 그런데 출입문을 열려면 문을 안쪽으로 잡아당겨야 했다. 그러다 보니 문이 열리기는 했지만 그는 안쪽으로 두 걸음을 더 들어서게 되었다.

바로 그 순간, 젊은이는 반동을 이용하여 몸을 홱 돌리더니 면접관에게 다시 한 번 소리쳤다.

"그런데, 선생님 만일 제가….." 하면서 다시 말을 걸었던 것이다. 그리고 결국 그는 합격했다. 면접관은 그렇게 면박을 당하고도 '한 번 더' 시도하는 그의 끈기와 근성을 높이 샀던 것이다.

보험 세일즈로 약관 27세에 백만장자가 되었으며 자신의 성공 경험을 교육프로그램으로 만들어 유명한 리더십교육기관 LMI를 설립한 폴 마이어의 실화이다. 폴 마이어의 인생은 새로운 목표에 대한 도전의 연속이라고 해도 과언이 아니다. 그가 가난이라는 늪에서 빠져나와 세상의 주인공이 될 수 있었던 것은 도전을 두려워하지 않기 때문이다.

세상은 도전하는 사람에게 새로운 문, 즉 기회를 열어준다. 미국 최고의 자동차 판매왕 조 지라드 역시 도전을 통해 기회를 낚아챈 사람들 가운데 한 사람이다. 그는 혼자서 13,001대의 차를 팔아 기네스북에 오른, 유명한 자동차 세일즈맨이다. 전 세계 세일즈맨들이 그의 영업 전략을 벤치마킹한다 해도 과언이 아닐 정도로 전설적인 인물이다.

그러나 젊은 시절, 그는 하는 일마다 실패하여 빚쟁이 신세였다. 그와 아내는 먹을 것이 없어 냉수로 배를 달래야 했던 만큼 힘든 시기를 보냈다. 가난과 실패로 점철된 삶을 살던 그는 절망에 빠져 있었다.

어느 날 그는 더 이상 이렇게 무책임하게 살아선 안 되겠다는 생각이 들었다. 그래서 그는 지인이 경영하고 있는 자동차 판매 대리점을 찾아가서 세일즈를 시켜줄 것을 부탁했다. 지인은 그를 측은하게 여겨 능률급으로 일을 하도록 허락했다. 일자리를 얻게 된 조 지라드는 기쁜 마음으로 아는 사람들에게 전화를 걸어 자동차를 사도록 권유했다. 하지만 세일즈는 생각보다 힘들었다. 누구 한 사람 반갑게 전화를 받아주는 사람이 없었다.

그러던 어느 날 늦은 저녁에 대리점 문을 닫으려고 할 때 한 남자가 들어섰다.

"잠시 구경을 좀 해도 될까요? 그렇다고 지금 당장 차를 사겠다는 것은 아닙니다."

"아, 네. 그러세요."

조 지라드는 풀이 죽은 표정을 하고 있었다. 하지만 그때 문득 남자가 자동차를 구입하는 상상이 떠올랐다. 그리고 자신은 차를 팔고 받은 수수료로 먹을 것을 잔뜩 사들고 집으로 가는 모습도 그렸다. 이런 상상 때문일까, 조 지라드는 남자에게 친절하고 적극적으로 대화를 나누었다. 대화를 해보니 남자에게 차를 구입할 의사가 있다는 것을 알았다. 잠시 후 그의 친절과 성실함에 호감을 느낀 남자는 마침내 차를 구입하기로 결심했다.

그날 조 지라드는 자신의 상상대로 차를 팔 수 있었다. 대리점 오너에게서 받은 수수료로 음식을 잔뜩 사들고 행복한 마음을 집으로 향했다.

이날을 계기로 조 지라드는 세일즈맨으로서 자신감을 가지게 되었다. 자신감을 가지고 도전하면 반드시 원하는 결과를 이룰 수 있다는 것을 깨닫게 된 것이다.

미국의 대통령이자 부동산 재벌이기도 한 도널드 트럼프는 말했다.

"나는 현실에 만족하는 사람이 아니다. 나는 하나의 성취를 바탕으로 성장하고 또 그 다음 단계로 나아갔다. 하나하나의 성취는 바로 그 다음의 기회로 연결되었다."

성공한 모든 사람들 역시 도널드 트럼프와 같은 말을 한다. 자동차로 밤길을 달리듯이 100m 앞만 보고 열심히 달리면 된다는 것이다.

군이 200m, 300m, 그 이상 도로를 볼 수 없다고 해서 두려워하지 말라는 뜻이다. 그렇게 처음에는 작고 사소한 부분에 도전하지만 그 도전이 점차 큰 운과 기회로 연결된다. 이것이 성공의 진리이다.

전 뉴욕경찰국장 빌 브래튼은 말했다.

"나는 도전을 좋아한다. 그래서 단골식당이 별로 없다. 왜냐하면 그곳에서는 별다른 변화를 느낄 수 없기 때문이다. 나는 끊임없이 변화를 향해 움직이는 사람이다."

성공하는 사람은 고여 있는 물 같은 태도를 싫어한다. 그래서 끊임없이 무언가를 계획하고 행동하는 것이다. 도전이 몸에 습관화되어 있기 때문이다.

1985년, 맥도날드 회장인 프레드 터너는 회사뿐 아니라 직원들 역시 경제적으로 풍요로워지기를 바라는 마음에서 직원들에게 자필 편지를 보냈다. 직원들에게 보낸 편지 내용은 다음과 같다.

"맥도날드의 임원 여러분에게
여러분 모두에겐 '맥도날드 백만장자'가 될 기회가 있습니다. 이것은 나의 야망인 동시에 실현 가능한 목표입니다. 오늘의 맥도날드 주가는 61달러이니 백만장자가 되려면 16,667주가 필요하겠군요. 현시점에서는 열 명이 이미 그만큼의 주식을 보유하고 있습니다.

여러분의 평균 주식 보유량은 7,000주입니다. 만약 여러분 중 반수가 야망을 실현하려 한다면 현재의 목표 달성률은 평균 42%가 되겠군요. 1987년 4월이 되면 여러분 대부분의 스톡옵션 기한이 만료될 것입니다. 이제 남은 시간은 13개월뿐이죠. 기한이 만료되었을 때 여러분은 목표 주식의 몇 퍼센트나 입수하게 될까요?

20%?

33%?

50%?

80%?

100%?

부디 자리에 앉아 질문에 대답해보십시오. 나를 위해서가 아니라 여러분 자신을 위해서요. 언제 실행에 옮길 것입니까? 지금? 아니면 나중에?

여러분 모두의 앞에는 똑같은 장애물이 놓여 있습니다. 여러분은 같은 미로 속에서 길을 찾고 있습니다. 시간제한도 모두 똑같습니다. 때가 되면 그동안 획득한 얼마의 주식을 갖고 모두 동시에 미로를 떠나게 될 것입니다. 어떤 임원이 주식을 가장 많이 획득할까요? 또 어떤 임원이 가장 적게 획득할까요?

무슨 대회를 열려는 것은 아니지만 상대적인 승자와 패자는 생길 것입니다. 나는 여러분이 생각하기를 바랍니다. 계획하기를 바랍니다. 좀 더 많은 주식을 획득하기를 바랍니다.

내게 마법 같은 해답이 있는 것은 아닙니다. 한 가지 이야기할 수 있는 것은 타이밍이 중요하다는 것이죠. 이것은 흥미로운 상황입니다. 도전입니다. 커다란 투자입니다. 이 투자를 통해 벌어들인 돈은 여러분의 것입니다. 여러분의 자녀가 훗날 물려받을 것입니다."

– 폴 퍼셀라, 『맥도날드 사람들』

프레드 터너는 자신뿐 아니라 맥도날드의 직원들도 경제적으로 부유해지기를 바랐다. 그래서 그런 마음이 담긴 친필 편지를 보냈다. 하지만 직원들이 그의 편지를 받았다고 해서 모두 부자가 되는 것은 아니다. 한 가지 분명한 것은 그들 가운데 프레드 터너가 조언한 대로 도전이라는 투자를 한 사람들은 백만장자가 되었다는 것이다.

물론 첫술에 배부를 수 없듯이 첫 도전은 깨지게 되어 있다. 그렇다고 해서 도전에 브레이크를 걸어선 안 된다. 그럴수록 더욱더 가속페달을 힘주어 밟아야 한다. 마지막으로 미국의 작가 힉슨의 말을 귀담아들어보자.

"처음에 성공하지 못하면 재도전하라. 그리하면 용기가 생기고, 꾸준히 힘쓰면 정복할 것이다. 두려워 말고 재도전하라."

04 할 수 없다고 말하기 전에 실현할 방법을 찾아라

토머스 에디슨은 위대한 발명가로 잘 알려져 있다. 그는 수많은 발명품을 내놓았지만 그중에 대표적인 발명품을 꼽는다면 단연 전구라고 할 수 있다. 당시 수많은 과학자가 전구를 개발하기 위해 혼신의 힘을 다해 연구했지만 허사였다. 당시 금속 조각에 전지를 연결해 가열하면 빛을 낼 수 있다는 것은 잘 알려져 있었지만 문제는 금속 필라멘트가 몇 시간 만에 녹아버리는 것이었다.

모든 이가 포기한 전구를 개발하기로 마음먹은 에디슨이 처음 필라멘트 재료로 생각한 금속은 백금이었다. 그러나 백금 필라멘트 역시 너무 빨리 녹아버렸다. 그래서 그 다음으로 생각해 낸 게 바로 작은 유리 용기, 즉 전구이다.

'전구 속을 진공으로 만들면 어떨까? 산소가 없어 필라멘트가 타지 않을 수도 있어.'

그러나 결과는 예상과는 반대였다. 그럼에도 에디슨은 포기하지 않고 새로운 필라멘트 소재를 찾기 시작했다. 특히 식물 섬유에 대해 관심을 가지게 되었다. 그는 세계 각국을 뒤지며 찾아다닌 끝에 마침내 적합한 소재를 발견할 수 있었다. 바로 일본의 마다케 대나무였다.

에디슨은 이 대나무의 섬유를 전지에 연결된 선에 끼우고 스위치를 올려 빛을 내도록 했다. 그 결과 대나무의 섬유는 진공 전구 속에서 무려 1,500시간이 넘도록 빛을 발했다. 수십 시간밖에 견디지 못하던 기존 필라멘트와는 비교할 수 없는 놀라운 성능이었다. 에디슨의 포기할 줄 모르는 끈기로 깜깜한 밤에도 대낮처럼 환히 밝힐 수 있는 전구를 개발할 수 있었다.

만일 에디슨이 다른 과학자들처럼 몇 번 실패하고 나서 포기했다면 어떻게 되었을까? 인류는 아침 일찍 일어나 활동하고 어두운 밤이면 잠자리에 드는 원시인과 다를 바 없는 삶을 살고 있을지 모른다. 그러나 지금 우리는 밤중에도 대낮처럼 환하게 밝히고 살고 있다. 오히려 도심은 깜깜할수록 더 빛이 발한다. 이 모두 에디슨이 숱한 실패에도 포기하지 않고 '할 수 있는 방법'을 찾았기 때문이다.

다음은 세계적인 역사서로 알려진 『프랑스 혁명사』를 쓴 토마스 칼라일에 관한 일화이다.

칼라일은 수만 페이지나 되는 『프랑스 혁명사』의 원고를 2년여의 고생 끝에 집필을 끝냈다. 그리고 며칠 후 칼라일은 친구인 존 스튜어트 밀에게 원고 감수를 요청했다. 밀은 밤낮없이 원고 감수에 매달렸다.

한 달이 지난 어느 날, 밀은 고생 끝에 원고 감수를 끝낼 수 있었다. 그는 원고를 칼라일에게 돌려주기 위해 책상 위에 놓아두었던 원고를 찾았다. 그런데 그 원고는 온데간데없이 사라졌다. 이 방 저 방 아무리 샅샅이 찾아도 찾을 수가 없었다.

밀은 집안 청소를 하는 하녀는 알고 있지 않을까 하고 하녀에게 물어보았다.

"혹시 원고 보지 못했나?"

밀의 물음에 하녀는 태연하게 이렇게 대답했다.

"아, 책상 위에 놓여 있던 그 종이 뭉치 말이세요? 저는 종이 뭉치가 쓸모없는 휴지인 줄 알고 벽난로 불쏘시개로 태워버렸는데요."

하녀의 말에 그는 눈앞이 캄캄했다. 밀은 비극적인 상황에 압도된 나머지 아무 말도 하지 못한 채 가만히 서 있을 뿐이었다.

밀은 칼라일에게 이런 사실을 어떻게 얘기할까 고민에 빠졌다. 그러다 그는 칼라일의 집에 찾아가서 자초지종을 설명했다. 밀의 말을 들은 칼라일은 너무나 큰 충격을 받았다. 2년 동안의 고생이 깃들어 있는 원고가 하루아침에, 그것도 불쏘시개로 사라져버렸다는 사실에 아연실색할 뿐이었다.

귀중한 원고를 어처구니없게 잃어버린 칼라일에게 우울한 나날이 계속되었다. 칼라일은 우울한 마음을 추스르기 위해 아침마다 산책을 하기 시작했다.

어느 날 아침이었다. 산책을 하던 중 벽돌공이 벽돌을 쌓는 것을 유심히 보게 되었다. 문득 그는 한 장 한 장 쌓여 있는 벽돌을 보면서 새로운 다짐을 하게 되었다.

"그래, 벽돌공은 한 번에 한 장씩 벽돌을 쌓는다. 나도 그렇게 하면 된다. 프랑스 혁명사의 내용을 한 줄 한 줄 다시 기억하면서 벽돌을 다시 쌓는 것이다."

예전에 썼던 글을 다시 쓰는 일은 너무나 힘들고 지루했다. 하지만 칼라일은 꾸준히 계속 집필해 마침내 원고를 완성했다.

그렇게 해서 완성된 원고는 불타 없어진 원고를 거의 완벽하게 재생했다. 뿐만 아니라 어떤 대목에서는 처음 원고 내용보다 더 나았다.

여러분이 칼라일의 입장이었다면 발을 동동 구르며 밑에게 고래고래 고함을 질러댔을지 모른다. 사실 나 같아도 너무나 충격적인 상황에 이성을 잃었을 것이기 때문이다. 그러나 토마스 칼라일은 그렇게 행동하지 않았다. 처음에 좌절하고 절망했지만 이내 그는 마음을 추슬러 불타 없어진 원고보다 더 나은 원고를 써나가기 시작했다. 그렇다. 어떤 상황에 처해도 할 수 있다고 생각하면 대응책을 찾아 해결하게 된다. 비온 뒤 땅이 더 굳어진다는 말처럼 위기가 때로 한 단계 도약하게 해주는 디딤돌이 되기도 한다.

미국의 영화배우 르네 젤위거는 이렇게 말했다.

"나의 부모님은 불안함이나 실패의 두려움 또는 당황하고 쩔쩔매는 모습을 절대로 우리에게 보여주지 않으셨다. 대신 늘 그와 반대인 말씀을 하셨다. 그것은 '실제로 해보았니?'였다."

대부분 시련과 역경에 처하면 문제에만 집중하게 된다. 그 결과 원래 크기보다 확대 해석해 해결책을 찾을 수 없게 되는 것이다. 다시 말하지만 어떤 상황에 처하더라도 정신만 바짝 차리면 충분히 해결할 수 있다. 좌절하고 절망하기보다 방법과 해결책을 찾아야 한다. 반드시 실현할 방법이 있기 때문이다.

'자동차왕' 헨리 포드는 "모든 일은 생각한 대로 이루어진다. 하지만 대다수의 사람은 생각 그 자체가 힘들어서 생각 없이 산다."라고 말한 바 있다. 실제 포드 자동차의 공장에는 다음과 같은 글이 적혀 있다고 한다.

'포드, 그는 꿈의 사람이었고 그의 아내는 믿음의 사람이었다.'

헨리 포드는 8기통 엔진과 관련된 유명한 일화를 가지고 있다. 헨리 포드는 초등학교 중퇴의 학력의 배우지 못한 사람이었다. 하지만 그의 열정이나 간절한 꿈은 누구나 따라올 사람이 없을 정도였다. 어느 날 헨리 포드는 박사 출신의 엔지니어들을 모아놓고 선언하듯이 말했다.

"저는 8기통 엔진을 갖고 싶습니다. 여러분이 반드시 개발해주실 거라고 믿습니다."

8기통 엔진을 개발한다는 것은 당시의 기술로서는 도저히 실현할 수 없는 일이었다. 그래서 전문가들은 무식한 회장의 쓸데없는 욕심 정도로 생각하고 세 차례나 불가능하다고 보고했다. 그때 헨리 포드는 "반드시 8기통 엔진을 개발하시오."라며 소신을 굽히지 않았다. 그 결과 얼마 지나지 않아 세계 최초로 8기통 엔진이 개발되었다.

세계 최대의 출판 기업인 랜덤하우스 부사장인 제인 프리드먼의 말을 들어보자.

"사람들은 나를 '지나친 낙관주의자'라고 부른다. 지금도 나는 출판업계의 장래를 아주 밝다고 생각한다. 내가 이 분야에 진출했을 때인 1960년대에, 사람들은 '소설 시장은 끝났다'고 말했다. 그러나 그것은 사실이 아니었다. 우리 인간의 상상력이란 끝없이 진화하는 것이니까. 단지 한계가 있다면 그것은 그 조직의 우두머리가 갖고 있는 생각의 한계일 뿐이다.”

그렇다. ‘할 수 있다.’라는 생각으로 행동하면 반드시 할 수 있다. 처음부터 ‘못 해.’라는 부정적인 생각으로 행동하기 때문에 결과적으로 실패하는 것이다.

여러분은 앞으로 수많은 실패를 경험하게 될 것이다. 그때 좌절하거나 절망하기보다 실패를 딛고 일어나 잘할 수 있는 방법을 모색하기를 바란다. 성공으로 가는 출입구는 반드시 열려 있기 마련이니까.

05 도전 없이 성공은 없다

한 임금이 있었다. 임금은 백성을 너무도 사랑한 나머지 그들에게 지혜를 주고 싶었다. 그래서 여러 학자와 신하에게 세상의 모든 지혜를 모으라고 말했다.

그들이 여러 해 동안 지혜를 모아보니 그 양이 너무나 많아서 백성들이 읽고 알기가 쉽지 않았다. 왕은 그것을 한 권의 책으로 줄이라고 했고, 그것도 많아 다시 한 장으로, 다시 한 문장으로 줄이라고 말했다. 백성들에게 전한 마지막 한 문장은 바로 이것이었다.

'세상에 공짜는 없다.'

어느 정도 인생을 산 사람들은 '세상에 절대 공짜는 없다'고 말한다. 분명 공짜에는 낚싯바늘이 감춰져 있다는 것을 잘 알기 때문이다. 하지만 인생 경험이 그다지 길지 않거나 설익은 인생을 산 사람들은 '공

짜'에 눈이 뒤집힌다. 그러다 얻은 것보다 더 많은 것을 잃는 뼈아픈 경험을 하게 된다.

앞의 일화에 나오는 '세상에 공짜는 없다.'라는 문장을 '도전 없이 성공은 없다.'라는 문장으로 각색하고 싶다. 공짜를 바라는 사람에게는 쓰디쓴 시련과 고통이 주어지지만 도전하는 사람에게는 성공의 문이 활짝 열려 있기 때문이다.

그렇다면 정말 도전 없이 성공은 없을까? 100번 물어도 내 대답은 '그렇다'이다. 다음에 소개되는 세계에서 유일하게 무공해 사과를 재배하는 농민 기무리 아키노리의 성공 비결도 '도전'에 있다.

일본의 기무라 아키노리는 세계에서 유일하게 무공해 사과를 재배하는 농민으로 잘 알려져 있다. 특히 그는 『기적의 사과』라는 책의 저자로도 유명하다.

그가 무공해 사과를 재배하기로 마음먹은 것은 40여 년 전이었다. 사과밭에 농약을 뿌리면 아내가 며칠씩 앓아누워야 했다. 그런 아내가 안쓰러워 농약을 치지 않고 사과를 재배하자는 결심을 하게 되었다.

기무라 아키노리는 일본의 유명 사과 산지인 아오모리현의 이와키 산 자락 6500㎡의 사과밭에서 농사를 지었는데, 가족 대대로 가꿔온 과수원이었다. 주위 사람들 모두 사과 재배를 하고 있었다. 어느 날 갑자기 그가 "무공해 사과를 재배하겠다."라고 선언하자 동네 사람들은 '확률 제로 게임'이라며 무시했다.

정말 사람들의 말대로 현실은 가혹했다. 손수 벌레를 집고 잡초를 뽑았지만 10년이나 지나도 사과는 열리지 않았다.

기무라 아키노리는 당시 힘들었던 상황을 한 인터뷰에서 이렇게 회고했다.

"수입이 없어 밑바닥 생활을 했습니다. 삶의 막다른 골목에 몰린 심정이었어요."

그는 호구지책으로 나이트클럽 호객꾼으로 나서기도 했다. 그때 폭력배에게 맞아 치아가 두세 개만 남고 모두 빠졌다. 그 후에도 무공해 사과 재배에 모든 것을 걸었지만 뜻대로 되지 않았다.

고민 끝에 그는 자살할 생각으로 산에 올랐다. 그때 그는 우연히 탐스러운 열매를 맺은 도토리나무를 보게 되었다. 순간 머릿속에 섬광이 스쳤다. 무공해 사과 재배의 비밀이 흙에 있다는 것을 깨달은 것이다.

기무라 아키노리는 그 길로 산을 내려와 다른 방법으로 사과를 재배했다. 과수원의 벌레와 잡초를 제거하지 않고 그냥 두었다. 원시 그대로 과수원을 놔둔 것이다. 그렇다고 해서 생각 없이 방치한 것은 아니었다. 농약과 비료에 길들여진 흙이 본래의 생명력을 회복할 때까지 기다린 것이다.

"비료나 농약을 수십 년간 뿌려왔던 땅은 딱딱해져 잡초조차 뿌리를 내리지 못해요. 잡초가 무성하게 자라면 흙도 기름져 있다는 뜻이죠."

그렇게 무공해 사과를 재배한 지 10년이 지난 1987년 그는 뜻밖의 선물을 받았다. 사과 두 개가 열린 것이다. 그 넓은 과수원에 탁구공만한 사과가 열렸지만 그는 희망을 보았다. 하지만 얼마 지나지 않아 또다시 절망을 맛봐야 했다. 4년이 흘렀지만 사과가 열리지 않은 것이다. 그런데 기적이 일어났다. 1991년에 과수원이 발갛게 물들었다. 나무마다 탐스러운 사과가 주렁주렁 매달린 것이다.

1991년에 기무라 아키노리의 무공해 농법은 세상에 큰 주목을 받았는데, 아오모리현에 상륙한 대형 태풍 때문이었다. 주변 과수원의 사과 90%가 땅에 떨어졌지만 그의 사과는 80% 이상이 그대로 달려 있었던 것이다. 아무도 모르는 사이에 사과나무가 땅속 20m까지 뿌리를 내리는가 하면, 가지가 굵고 단단했기 때문이다.

그해 기무라 아키노리의 사과는 수험생 가족에게 '합격 사과'라는 이름으로 일반 사과의 두 배 가까운 가격에도 불구하고 날개 돋친 듯이 팔려나갔다.

기무라 아키노리가 무공해 사과를 재배하고자 하는 생각만 가지고 도전하지 않았다면? 분명 그는 여느 농민들과 다를 바 없이 평범한 사과를 재배하고 있을 것이다. 지금처럼 사과가 수확하기가 무섭게 홈쇼핑에서 매진되는 일은 없을 것이다. 그의 사과를 맛보려면 예약 후 1년이나 기다려야 할 정도라고 한다. 현재 TV출연과 강연 등으로 바쁜 나날을 보내고 있는 기무라 아키노리의 위대한 인생은 도전에서 비롯되었다. 그는 오랜 꿈이었던 '청소년을 위한 농업 학교' 인가를 받아 설립 추진 중이라고 한다.

공부, 운동, 직업 등에서 성과를 발휘하기 위해선 도전정신이 필요하다. 과녁을 향해 도전하는 사람만이 현재보다 더 높이 뛰어오를 수 있다.

세상에는 성공한 사람들이 무수히 많지만 그들 중 그 누구도 제자리걸음으로 성공을 일궈내지 않았다. 그들은 때로 주위 사람들의 냉대와 비난, 조롱, 뜻하지 않은 시련과 역경 속에서 숱하게 깨지면서 과녁을 향해 꿋꿋이 나아갔다. 그런 고군분투하는 도전정신으로 지금의 찬란한 성공을 창조한 것이다.

06 실패하지 않는 것이 가장 큰 실패다

성공한 사람들은 100번 꺾일지언정 휘어지지 않는 백절불굴(百折不屈)의 사람들이다. 그들은 열 번 넘어져도 열한 번째 일어나 다시 도전한다. 평범했던 그들이 비범해질 수 있었던 것은 강한 신념 때문이다.

영국의 위대한 정치인 처칠이 명문 옥스퍼드대학에서 연설을 하게 되었다. 연단 주위에는 그를 보기 위해 몰려든 청중으로 가득했다. 그는 천천히 모자와 담배를 연단에 내려놓고는 좌중을 한 바퀴 휙 둘러보았다.

사람들은 저마다 숨을 죽이며 곧 처칠의 입에서 흘러나올 근사한 축사를 기대했다. 마침내 그가 입을 열었다.

"포기하지 마십시오!"

그렇게 힘 있는 목소리로 첫마디를 뗀 다음 처칠은 천천히 청중을 둘러보았다. 모두 그의 다음 말을 기다렸다.

"절대로 포기하지 마십시오!"

처칠은 다시 한 번 큰소리로 이렇게 외쳤다. 그리고 더 이상 아무 말도 하지 않고 연단에서 내려왔다. 그것이 축사의 전부였다.

절대 포기하지 않는다면 기회의 문은 열리게 되어 있다. 실패자들이 "문이 열리지 않는다."라고 불평하는 것은 문이 열릴 때까지 끈기 있게 두드리지 않았기 때문이다. 계속 두드리면 문이 부서지든가, 아니면 시끄러운 나머지 안에서 마지못해 열어주게 되어 있다.

영화 〈람보〉로 잘 알려진 영화배우 실베스터 스탤론. 그 역시 끈기로 성공의 문을 활짝 열어젖힌 사람이다.

실베스터 스탤론은 꽤 긴 무명 시절을 보내야했다. 1,885번의 오디션에서 떨어졌는가하면, 500여 곳의 영화사에서 거절을 당했다. 하지만 그는 영화배우의 꿈을 포기하지 않았다. 어느 날 한 감독이 그에게 조언했다.

"자네, 정말 영화배우가 되고 싶은가? 그렇다면 먼저 말하는 법부터 배우게나. 그리고 당신의 모든 것을 고친 뒤에 다시 오디션을 보러 오게. 자네, 그 이유를 알겠나? 자네의 목소리는 너무 듣기 싫고 외모도

추하기 때문일세."

  다른 사람들 같았으면 이 말을 듣고 영화배우의 길을 그만두었을지 모른다. 그러나 실베스터 스탤론은 결코 포기하지 않았다. 집에 돌아온 그는 영화『록키』의 각본을 쓰는데 몰입했다. 각본이 완성되자 그는 뉴욕의 유명한 에이전시에 보냈다. 하지만 시간이 흘러도 그에게 관심을 보내는 영화사는 단 한군데도 없었다.

  그래도 그는 일말의 희망을 가지고 계속 영화사의 문을 두드렸다. 마침내 한 영화사에서 3천 6백 달러에 각본을 사겠다고 제의를 했다. 하지만 문제는 주인공이었다. 영화사는 그 당시 유명한 배우를 주인공으로 캐스팅하려고 했다. 그러나 실베스터 스탤론은 자신이 쓴 각본인 만큼 주인공은 당연히 자신이 해야 한다며 제의를 거절했다.

  그는 훗날 그 일을 떠올리며 이렇게 술회했다.

  "그 당시에 제 아내는 임신 중이었죠. 가진 거라고는 주머니 속에 있는 40달러가 전부였어요. 그 영화사가 제시한 3,600달러는 요즘 시세로 환산하면 거의 300만 달러가 넘는 돈입니다. 저는 정말 〈록키〉를 쓰는 데 모든 노력을 기울였습니다. 그래야만 제가 원하는 결과에 도달할 수 있다고 믿었으니까요. 이런 원칙 때문에 저는 제가 처음 가진 생각과 소망을 지금까지 지킬 수 있었습니다."

  그는 포기하지 않는 신념과 자신만의 원칙으로 마침내 꿈을 이룰 수 있었다. 『록키』의 주인공이 되었는가 하면, 이 영화 한 편으로 무명에서 벗어나 할리우드 스타로 거듭날 수 있었다.

백 번 꺾일지언정 휘어져선 안 된다. 즉 백절불굴의 사람이 되어야 한다는 말이다. 인생의 바다에는 수많은 암초가 숨어 있고 빙하가 떠다닌다. 암초에 걸리고 빙하에 부딪혀 깨질 때 좌절하고 절망에 빠질 수도 있다. 그렇다고 '할 수 있다'는 의지마저 꺾여선 안 된다. 그 순간 '게임 아웃'이기 때문이다. 걸리고 부서지더라도 꺾이지만 않는다면 다시 일어설 수 있다. 그때부터 게임은 시작이다.

또 다른 백절불굴의 사람인 전 미국 백악관 장애위원회 차관보, 강영우 박사를 만나보자.

강영우 박사는 중학교 재학 시절 축구공에 맞아 시력을 잃었다. 아들이 시력을 회복할 수 없다는 의사의 판정에 충격을 받은 어머니마저 세상을 떠나고 말았다. 그는 심한 절망에 빠졌지만 절망 속에서도 긍정적으로 생각하려고 노력했다.

강영우 박사는 시력을 잃은 뒤 국립의료원에서 재활 치료를 받는가 하면, 신앙으로 절망에서 벗어나려고 노력했다. 그리고 그는 눈물겨운 노력 끝에 연세대 교육학과에 전체 10등으로 합격했다. 몇 년 뒤 문과대학 전체 차석으로 졸업하는 기쁨을 누렸다.

지독한 가난에 시력마저 잃은 강영우 박사가 철학박사가 되고 미국 백악관 장애위원회 차관보가 될 수 있었던 것은 마지막까지 운명에 저항했기 때문이다. 1%의 희망으로 99%의 노력으로 절망을 이겨냈기 때문이다.

여러분도 저마다 다양한 문제들로 힘든 시기를 보내고 있을 것이다. 그렇다고 해도 젊은 시절 강영우 박사가 처했던 불행에 비할 바가 못된다. 여러분에게는 세상을 볼 수 있는 두 눈과 소중한 가족들, 풍족한 생활환경이 잘 갖춰져 있기 때문이다. 하지만 온실에서 자라는 화초가 거센 비바람에 꺾이는 법이다. 적절한 야생의 능력이 뒷받침될 때 거친 풍파를 견디고 자신이 꿈꾸는 미래를 창조해 나갈 수 있다.

여러분이 지니고 있는 안성맞춤 요소에다 강한 신념이 더해진다면 '농구 황제' 마이클 조던과 같은 화려한 인생을 살 수 있을 것이다.

마이클 조던은 NBA에서 성공한 농구선수이지만 그의 10대 시절은 우울한 시간들로 채색되어 있다. NBA 농구 선수들은 대부분 고등학교 시절부터 농구팀에 소속되어 있다. 하지만 마이클 조던은 팀에 들어갈 기회가 없었다. 그래서 어느 날 직접 감독을 찾아가 자신을 선수로 받아들이지 않는 이유에 대해 물었다. 그러자 감독이 말했다.

"조던, 너는 키도 작고 기술도 부족하기 때문에 선발되지 않았다."

그러나 그는 농구팀에 들어가는 것을 포기하지 않았다. 기회를 얻기 위해 다시 감독을 찾아가 사정했다.

"감독님, 제발 저에게도 한 번만 기회를 주십시오. 연습 상대라도 좋습니다. 경기에 나가지 않아도 좋아요."

그가 끈질기게 매달리자 감독은 하는 수 없이 그를 팀에 넣어주었다. 마이클 조던은 시합이 있을 때마다 수건을 가져다주고 음료를 사오는 등 자질구레한 일을 도맡아 했다.

어느 날 아침 8시에 청소부가 농구 코트를 정리하고 있는데 잠을 자고 있는 한 소년을 발견했다. 청소부가 놀라서 그를 깨우려고 다가가자 소년이 벌떡 일어나는 것이었다.

"안녕하세요? 저는 마이클 조던이라고 합니다. 제가 어제 저녁 늦게까지 연습을 했는데 그만 깜짝 잠이 들었나 봅니다."

그는 팀원들과 함께 연습하고 나서도 홀로 남아 밤늦은 시간까지 연습을 했다. 이런 노력 때문이었을까. 훗날 마이클 조던은 미국에서 가장 유명한 감독이 있는 대학으로 진학을 하게 되었다.

하루는 감독이 그에게 휴게실로 가서 녹화된 영상을 보고 오라고 지시했다. 감독이 시키는 대로 영상을 본 그는 그만 눈물을 흘리고 말았다. 그것에는 자신의 단점이 적나라하게 담겨 있었던 것이다. 그는 곧장 감독에게 가서 말했다.

"감독님, 이제 저의 단점을 찾았습니다. 저는 무조건 공을 앞으로 가져가기에 바빴습니다."

그 일을 계기로 마이클 조던은 자신의 부족한 부분을 보완하는 연습에 매달렸다. 그는 지독한 연습벌레였다. 그렇게 죽을힘을 다해 연습에 집중한 덕분에 '농구 황제'가 될 수 있었다.

성공하는 사람들, 즉 백절불굴의 사람들은 끊임없이 배우고 실험하고 실천한다. 쉽게 말해 행동하는 자기계발의 대가들이다. 자신의 부족한 부분을 채우고 강점은 더욱 강화한다. 그렇게 자신의 브랜드 인지도를 높여 몸값을 향상시키는 것이다.

돈 주고 살 수 없는 인생의 황금기 10대. 여러분은 인생의 사계절 가운데 피크인 봄을 보내고 있다. 하지만 포근한 봄 날씨와 향긋한 꽃향기, 볼수록 아름다운 봄 정경에 취해 정작 중요한 것을 잊을 수 있다. 자신에게 무엇이 가장 중요하고 소중한지 습관적으로 물을 필요가 있다.

'지금 나에게 가장 소중한 것은 무엇일까?'
'지금 꿈과 미래를 위해 해야 할 가장 중요한 일은 무엇일까?'

학력 위주로 돌아가는 사회, 아직도 유리천장이 건재한 사회에서 이 변이 일어났다. 바로 2016년, 한화손해보험 최초로 여성 임원이 된 김 남옥 상무다. 그녀의 최종학력은 중졸이다.

일반적으로 금융관리직은 최소 대졸 학력, 그것도 명문대 출신들이 많다. 그러나 한화손해보험 관계자는 "성별이나 학력 등의 차별 없이 오로지 영업에 대한 실적을 바탕으로 승진이 이뤄졌다."라고 밝혔다.

그녀는 하동에서 중학교만 졸업하고 22세에 결혼했다. 이후 아들 둘을 낳고 시부모를 모시며 종갓집 며느리, 전업 주부의 삶을 살았다. 김 상무는 "이렇게 집에만 파묻혀 있으면 누가 널 알아주겠느냐?" 하는 사촌언니의 말에 보험설계사 일을 시작했다.

1992년, 신동화 화재(한화손해보험의 전신)에 입사했다. 이후 그녀의 화 려한 행보가 이어졌다. 우수 보험설계사가 받는 연도대상을 열한 번 이나 받았다. 대리, 과장, 부장에서 모두 특진했다. 2년 만에 영업소장 이 되었을 때는 하동 지역 시장 점유율을 70%까지 끌어올렸다. 2006 년에는 10여 개 이상의 영업소를 담당하는 마산지역단장으로 승진, 2013년에는 부산, 경인지역본부장이 되었고, 다음 해 상무보로 승진 했다. 그녀는 언론을 통해 다음과 같이 전했다.

"철저히 현장과 성과 중심으로 인사를 하는 회사 덕분에 이만큼 왔다. 검정고시도 준비하려다 일찌감치 마음을 접었다. 없어도 그만인 학벌을 따기 위해 시간 낭비하지 말고 차라리 현장을 더 뛰자고 다짐했다."

참고 문헌

- 『좋은 인생 좋은 습관』, 윌슨 프로랜스, 휘닉스
- 『내 인생에 힘이 되어준 한 마디』, 정호승, 비채
- 『맥도날드 사람들』, 폴 퍼셀라, 황소북스
- 『기적의 사과』, 기무라 아키노리 · 이시카와 다쿠지, 김영사

4장

열정은 재능을 뛰어넘는다

학교 밖 성공한 사람들 4 퍼시픽씨푸드 배대열 대표

01 가슴 뛰었던 첫 마음을 기억하라

한 가지 일을 진득하게 못하는 사람이 있다. 이런 사람은 계획을 끝까지 밀고 가지 못하거나 자꾸만 다른 일에 기웃거리게 된다. 처음에는 원대한 포부를 가지고 시작하지만 상황이 뜻대로 되지 않는다고 해서 쉽게 포기하기도 하고, 시간이 지날수록 일에 대한 열정이 사라지기도 한다.

이는 가슴 뛰었던 첫 마음을 잊었기 때문이다. 누구나 처음에는 생각만 해도 가슴이 뛰고 모든 것을 걸 수 있을 것 같은 열정에 휩싸인다. 그러나 시간이 흐르면서 열정이 식고 일이 흐지부지된다.

여러분은 새 학기가 되면 공부에 대한 남다른 열의와 목표를 가지고 시작한다. 새 교과서, 새 참고서, 새 문제집, 새 노트, 새 연습장을 활용해 심혈을 기울여 공부한다. 하지만 한두 달이 지나면서 어떤가? 처음 가졌던 강렬했던 공부에 대한 열의는 어느새 눈 녹듯 녹고 말았다. 조금 더 시간이 흐르면 '공부는 아무나 하나.'라며 자포자기 상태에 이른다.

공부든 일이든건 첫 마음이 중요하다. 첫 마음을 어떻게 관리하느냐에 성패가 달렸다고 해도 과언이 아니다. 동화작가 정채봉의『내 가슴 속 램프』에 보면 다음과 같은 글이 있다.

"1월 1일 아침에 세수하면서 먹은 첫 마음으로 1년을 산다면, 학교에 입학하여 새 책을 처음 펼치던 영롱한 첫 마음으로 공부를 한다면, 사랑하는 사이가 처음 눈이 맞던 날의 떨림으로 내내 함께한다면, 첫 출근하는 날 신발 끈을 매면서 먹은 마음으로 직장 일을 한다면, 아팠다가 병이 나은 날의 상쾌하고 감사한 마음으로 몸을 돌본다면, 개업 날의 첫 마음으로 손님을 늘 기쁨으로 맞는다면, 세례 성사를 받던 날의 빈 마음으로 눈물을 글썽이며 신앙생활을 한다면, 나는 너, 너는 나라며 화해하던 그날의 일치가 가시지 않는다면, 이 사람은 그때가 언제이든 늘 새 마음이기 때문에 바다로 향하는 냇물처럼 날마다 새로우며 깊어지며 넓어진다."

대부분의 학생이 시간이 흐를수록 성적이 하향곡선을 그리거나 직장인이 업무에 소홀해지는 것은 첫 마음을 망각했기 때문이다. 다시 말하지만 첫 마음을 잊지 않는다면 어떤 일이든 성공할 수 있다. 가만히 돌이켜보라. 여러분의 첫 마음은 용암보다 더 뜨겁고 강철보다도 더 단단하지 않았는가? 그 마음 그대로 행동한다면 어떤 일이든 해낼 수 있다.

나 역시 한 가지 일을 진득하게 하는 편이 못된다. 나는 특별히 잘하는 운동이 없는데 그 이유 역시 운동을 배우고자 했던 강렬했던 첫마음을 잊었기 때문이다. 얼마 전에는 사진을 제대로 배울 심산으로 고가의 니콘 디지털 카메라를 구입했다. 하지만 한 달도 채 되지 않아 카메라는 전시용으로 전락하고 말았다. 그나마 진득하게 하는 것이 한 가지 있다. 지금 하고 있는 책 쓰기이다. 올해로 11년째 글을 쓰고 있는 덕분에 책 쓰기는 습관화가 되어 큰 어려움은 없다. 하루 종일 책상에 앉아 글을 쓰는 일 아니면 책을 읽는 탓에 건강이 많이 나빠졌다. 그래서 근처 수영장에 등록했는데 지금까지 일주일에 3일씩 다니고 있다. 어떻게든 처음 수영을 배워보기로 했던 그 첫 마음을 잊지 않으려고 노력하고 있다.

빌 보그스는 저서 『성공의 기술』에서 미국의 작곡가 다이안 워렌에 대해 다음과 같이 말한다.

"다이안과 나는 할리우드에 있는 그녀의 사무실에서 만났는데, 사무실 벽은 온통 골드 레코드들로 장식되어 있었다. 다이안은 주로 피아노로 작곡을 한다고 했는데, 그녀의 모습을 보는 순간 나도 모르게 청바지를 입고 수수한 옷차림에 전기기타를 치면서 노래에 열중하는 그녀의 모습이 떠올랐다. 레코드사에서 매번 그녀가 가지고 간 노래들을 퇴짜 놓았을 때, 그녀는 이렇게 말하면서 돌아 나왔다고 한다.

"언젠가 당신들은 분명 후회할 날이 올 거야. 두고 보라고. 나는 이

시대에서 제일가는 음악가가 될 테니까!"

열네 살 때부터 그녀는 음악가의 꿈을 아주 열렬하게 꾸고 있었다. 그녀가 음악계에서 주목을 받기 위해 기울인 노력은 그야말로 음악계의 전설이 되었다. 아무리 많은 프로듀서들이 그녀의 면전에서 문을 거세게 닫을지라도, 그녀는 계속 문을 두드려 댔다. 그녀는 떠나려는 기차를 따라가며 간절히 매달렸다. 제발 자기의 음악을 녹음해달라고. "나 역시도 그런 때가 있었지요. '네까짓 것은 아무것도 아니야.'라고 무시당하던 때 말입니다. 그럴 때면 나는 내 마음속에 있는 '내부의 승리자'를 부르곤 했죠. 그것이 바로 나를 버티게 해준 힘이었어요. 그것이 나를 이끄는 '밝은 빛'이었던 겁니다."

또 빌 보그스는 골드만 삭스에서 헤지 펀드 매니저로 활약하다 TV, 라디오 등 방송계에 진출하여 성공한 짐 크레이머의 성공 비결에 대해서도 빼놓지 않는다.

"짐 크레이머는 기계다. 그는 매일 새벽 3시 45분에 일어나서 그때부터 자기가 출연하는 다양한 미디어 채널의 시청자들에게 들려 줄 이야깃거리들을 찾아 나서기 시작한다. 하루의 일과를 거의 마칠 때쯤 자신이 운영하는 thestreet.com의 칼럼을 준비하고, 자기가 진행했던 프로그램인 〈Mad Money〉나 〈Jim Cramer's Real Money〉 같은 프로그램에 대한 시청자들의 반응을 살피기 시작해 수백 개의 E-mail

을 모니터링하는 것이다. 큰 TV 쇼를 몇 개씩 진행하면서 사람들에게 그날그날 사고팔아야 할 주식을 추천해준다는 것은 결코 쉬운 일이 아니다.

"나는 정말 지칠 줄 모르는 사람이라고 자부한다. 누군가가 나보다 더 열심히 일하는 사람을 알고 있다면 나에게 데리고 왔으면 좋겠다. 가령 아침 8시 30분이라는 시간을 정해놓고 하루의 출발 준비가 됐는지를 점검하는 테스트가 열린다면, 나는 언제라도 1등을 할 자신이 있다."

여러분도 짐 크레이머와 같은 열정을 가져야 한다. 공부와 일 등 모든 성과는 열정에서 비롯되기 때문이다. 처음 가졌던 각오, 첫 마음을 가슴에 각인한다면 중간에 고개를 드는 슬럼프나 게으름을 한방에 날려버릴 수 있다.

사람들은 아무리 오랜 세월이 지나도 '첫사랑'만큼은 잊지 못한다고 한다. 그 이유는 처음 해본 사랑이기에 아주 짜릿하고 강렬하기 때문이다. 그래서 나이가 들어도 죽을 때까지 잊을 수 없는 것이다.

그렇다면 여러분이 공부나 자신이 목표에 첫사랑만큼 강렬한 열정을 쏟는다면 어떨까? 분명 눈부신 성과를 발휘할 수 있다. 따라서 미래를 열어주는 공부나 평생 친구, 성공하는 습관 등에 대한 첫 마음을 잊지 말자.

02 타인을 설득하기는 어려워도 자신을 설득하기는 쉽다

지금 하는 일에 몰입할 수 있는 사람은 그 분야에서 최강자가 될 수 있다. 몰입한다는 것은 그 일에 깊이 빠져든다는 것을 뜻한다. 그래서 공부나 일에서 성과를 발휘하는 사람들은 모두 몰입의 대가들이다.

대부분 성공을 꿈꾸며 열심히 산다. 하지만 그저 열심히 산다는 것과 몰입하며 산다는 것은 엄연히 다르다. 열심히 산다는 것은 자신이 맡은 일을 묵묵히 해내간다는 뜻이지만 몰입한다는 것은 '어떻게 하면 그 일을 좀 더 잘할 수 있을까?'라는 생각으로 임한다는 뜻이다. 어떤 자세로 임하는 사람이 더 발전적인 삶을 살아가게 될까?

그동안 나는 '드림 헬퍼'로서 예술, 문화, 경영 등 각계에서 성공한 사람들의 성공 요인을 분석하여 사람들에게 전하고 있다. 그러다 보니 그들에게서 한 가지 공통점을 발견하게 되었다. 자신을 설득하는 데 능하다는 것이다. 예를 들어, 공부나 일을 할 때 그만두고 싶은 유혹에 빠지면 그들은 그대로 그만두는 것이 아니라 최선을 다해 공부하거나 일을 했을 때 돌아오게 되는 결과를 상상한다. 뿐만 아니라 그 결과가 지금보다 나은 미래, 꿈꾸는 삶과 이어지는 것을 떠올린다. 그러면 자연스레 그만두고 싶은 유혹을 억누를 수 있게 된다. 그래서 '타인을 설득하기는 어려워도 자신을 설득하기는 쉽다'는 말이 생겨났을 것이다.

교육 관련 쪽의 도서를 주로 출간하는 금성출판사가 있다. 금성출판사의 창업자 김낙준 이사장은 시골 정미소 직공 출신이었다. 지금 생각해보면 정미소 직공 출신이 출판사를 차린 것은 선뜻 이해가 되지 않는다. 사실 그가 출판사를 차리게 된 것은 뜻하지 않은 사고 때문이었다. 그는 17세 때 정미소에서 일을 하다가 그만 팔이 부러지는 사고를 당해 병원에 입원을 하게 되었다. 그때 병실에서 우연히 문화서점을 운영하고 있던 시인 이설주 선생을 만나게 되었다. 이설주 선생은 착하고 성실해 보이는 그에게 퇴원하면 자신을 찾아오라는 당부도 잊지 않았다. 그 일을 계기로 그는 이설주 선생 아래에서 서점 일을 배우게 되었다. 그리고 출판 일을 배워 훗날 1965년 지금의 금성출판사를 세우게 되었다.

김낙준 이사장이 사고를 당했을 때 절망했다면 그의 삶은 또 다른 방향으로 흘러갔을 것이다. 그러나 그는 무너지려는 마음을 잘 추스려 진정으로 자신에게 중요한 선택과 결정을 내릴 수 있었다. 그것이 그가 성공한 삶을 살았던 비결이다.

윌슨 프로랜스의 저서『좋은 인생 좋은 습관』에 N. H. 힐슨 박사에 관한 이야기가 소개된다. 하루는 힐슨 박사가 플로리다에 있는 한 호텔에서의 강연을 마치고 수영을 즐기고 있는데 한 젊은 남자가 다가와 물었다.

"저에게 의욕을 불러 일으켜주고 그 일을 지속해 나갈 수 있는 실질적인 방법을 말씀해주시겠습니까?"

힐슨 박사는 다음과 같은 방법을 제시해주었다.

첫째, 사람의 성격을 바꾸는 일은 전혀 새로운 도전으로 생각해야 한다. 정열이 최우선이 되도록 사고방식을 고쳐라. 정열을 불태운다고 하더라도 시작할 때 잠시뿐이고 싫증을 내거나 시들어버리는 지금까지의 태도에서 벗어나야 한다.

둘째, 자기 자신을 완전히 다른 사람, 즉 새로운 인간으로 보는 정신적 훈련을 당장 하라. 새로운 사람이란 변덕이 많고 주체성이 없는 인간이 아니라, 언제 어디서나 변함없이 활력이 넘치고 자신감으로 가득 차 있는 사람을 말한다.

셋째, 적극적인 언어요법을 사용하자. 이것은 자기 자신을 바로 잡는 말을 사용함으로써 성격의 약점을 바꾸는 방법이다. 예를 들면 긴장감에 시달리는 사람은 평정, 침착, 냉정이라는 말을 되뇌면 된다. 이러한 말을 반복하여 사용하다 보면 그 말이 의미하는 상태로 자기도 모르는 사이에 이끌려간다. 정열을 불태우기 위해서는 날마다 시간을 할애하여 '가슴 벅차다', '생동감 넘치다', '근사하다', '믿을 수 있다', '굉장하다'는 말들을 큰 소리로 외쳐 보자. 좀 시시하다고 생각될지 모르지만 강하게 믿고 날마다 되풀이해보자. 그러면 당신도 그런 새로운 인간이 될 것이다.

넷째, 나 자신이 언제나 정열을 불태워 나가고 있는 것은, 아침마다 정열에 관해 다음과 같은 믿음을 실행하고 있기 때문이다. 이제까지 되는 대로 살아온 사람이 정열을 지닌, 언제나 힘찬 사람으로 변신한 경우가 적지 않았다.

'오늘은 신에게 선물을 받은 날이다. 나는 이날을 기뻐하고 즐거워한다.'

남자는 힐슨 박사의 조언대로 일상에 응용해본 결과 놀라운 결과를 얻었다. 또한 그는 중요한 것은 무미건조한 삶이 아닌 열정적인 삶을 살게 되었다.

지금 하는 공부나 일에 의욕이 생기지 않을 때 힐슨 박사의 네 가지 조언을 활용해보라. 무엇보다 여러분은 성공하는 삶을 살도록 자신을 설득해야 한다. 공부가 하기 싫어도 좋은 성적, 좋은 대학, 원하는 직업을 가지기 위해선 어쩔 수 없다고 설득해야 한다. 하루가 멀다 하고 쏟아지는 부모님의 잔소리를 현명한 삶을 살기 위해 반드시 필요한 조언이라고 새겨듣도록 설득해야 한다. 여러분이 보고 듣고 경험하는 전부가 자극이 되게끔 스스로 설득할 때 한 단계 도약할 수 있다.

국민타자 이승엽 역시 좌절에 빠진 자신을 설득해 성공한 케이스에 속한다. 그는 원래 대학 때까지만 하더라도 타자가 아닌 투수였다. 어렸을 때부터 그의 꿈은 투수로 성공하는 것이었다. 그는 삼성 라이온스에 투수로 입단을 했지만 허리 부상에 이어 설상가상으로 팔에 이상이 생겨 수술을 받게 되었다. 팔은 투수에게 생명과도 같은 만큼 팔에 이상이 생긴 그는 어쩔 수 없이 타자로 전향하게 되었다.

그동안 투수로 활약해온 그는 타자로 살아남기 위해 남보다 더 많은 노력을 해야 했다. 그야말로 죽을힘을 다해 연습했다. 그는 연습 타석에 들어가면 일정량 이상의 연습량을 채울 때까지 나오지 않는 것으로 유명했다. 그런 노력 끝에 일본의 요미우리 자이언츠에 스카우트 되는 등 타자로서 큰 성공을 일궈냈다.

그렇다고 해서 그가 종전에 하던 연습량을 줄인 것은 아니다. 매일 1,000번 이상의 스윙 연습을 하는데 그의 손바닥에 있는 딱딱한 굳은살이 지독한 연습량을 잘 말해준다. 오죽했으면 요미우리 자이언츠의 하라 감독이 쉬지 않고 연습만 하는 그에게 휴식을 지시했을 정도라고 한다. 그렇게 지독하게 훈련, 또 훈련을 거듭한 덕분에 세계 최연소이자 최단기간 300호 홈런 신기록, 아시아 한 시즌 최다 홈런 기록을 세우기도 했다.

타인을 설득하기는 어려워도 자신을 설득하기는 쉽다. 왜 힘들어도 해야만 하는지, 왜 약속을 지켜야 하는지, 왜 나보다 더 상대방을 생각해야 하는지, 모든 것에는 이유가 있다. 그 이유에 대해선 자신이 더 잘 알고 있다. 따라서 타인과 같이 어렵지 않게 스스로를 설득할 수 있게 된다.

'어떤 일을 하고 싶은 사람은 만 명, 시작하는 사람은 백 명, 계속하는 사람은 한 명이다.'라는 말이 있다. 이 문장 속에 세상에 자신의 꿈을 이룬 사람들보다 그렇지 못한 사람들이 더 많은 이유가 담겨 있다.

세상에서 주연이 되고자 한다면, 몰입해서 계속하는 '한 명'이 되어야 한다. 지금 그 한 명에 자신이 속했는지 곰곰이 생각해보라.

03 이긴 자가 전부를 가진다, 최고가 되어라

세상에 왜 두 부류, 부자와 가난한 사람이 있는 것일까? 이 물음에 저마다 다양한 답을 내놓을 것이다.

"사회구조에 문제가 있어서."
"정부가 서민보다 부자를 위한 정책을 펴기 때문에."

이번에는 "왜 당신은 가난한가?"라고 묻는다면 어떨까?

"가난한 부모를 만나서."
"배경도 없고 학벌이 좋지 않아서."
"운이 따라주지 않아서."

문득 '핑계 없는 무덤 없다.'라는 속담이 떠오른다. 가난한 사람들의 대부분은 '부자' 혹은 '성공'에 대한 야심이 작기 때문이 아닐까?

프랑스의 한 매체는 한 억만 장자에 대해 대서특필했다. 그는 초상화 장식을 판매했는데 10년 만에 프랑스 50대 갑부 반열에 오른 인물이었다. 그는 전립선암으로 1998년에 세상을 떠나기 전, 4억 600만 프랑의 주식을 보비니 의료원에 전립선암 연구를 위해 기부하겠다는 유언과 함께 가난에서 벗어나고자 하는 사람 중 자기가 낸 수수께끼를 맞히는 사람에게 100억 원이라는 엄청난 장학금을 주겠다는 유언도 남겼다.

그런데 그가 남긴 수수께끼인 "당신은 왜 가난한가?"라는 물음에 대해 정확히 답변하는 사람이 없었다. 변호사와 대리인은 하는 수 없이 추모일에 그가 생전에 거래하던 공증 부서의 감시 아래 수수께끼의 답이 적혀 있는 봉투를 열었다. 그 속에 적힌 수수께끼의 답은 '성공에 대한 강한 욕망이 부족해서 그렇다.'였다.

정말 그렇다. 성공한 사람들의 인생 역정을 살펴보면 젊은 시절 그들이 얼마나 성공에 대해 열망했는지 뼈저리게 느낄 수 있다. 늘 성공이라는 과녁을 맞히기 위해 노력하고 또 노력했다. 우등생이 품고 있는 1등을 향한 야심은 태산보다도 높고 크다. 정말 반에서 공부를 1등하는 친구를 떠올려보라. 분명 다른 아이들에 비해 공부에 강한 집착을 가지고 있다. 그 친구에게는 현재 공부가 최고이고 살아가는 이유라고 할 수 있기 때문이다.

LA올림픽에서 리우데자네이루올림픽까지 금메달을 석권한 한국 양궁 선수들은 지독한 연습벌레임에 틀림없다. 외국 선수들이 하루 100발 정도 연습할 때, 한국 선수들은 1,000발을 쏜다고 한다. 정상에 오르고자 하는 사람은 많아도 정상에 오르는 사람은 단 한 사람뿐이다. 성공은 쉽게 주어지지 않는다. 어떤 분야에서나 성공하기 위해서는 양궁 선수들만큼이나 피나는 노력이 필요하다.

'대화의 달인' 래리 킹도 열심히 노력한 덕분에 명사회자가 되었다. 그는 무명시절 말할 수 있는 기회가 주어지면 반드시 잡았다. 새벽 방송 일기예보 스포츠 리포터 뉴스앵커, 때로는 강연까지 밤낮을 가리지 않고 자청하여 일을 맡았다. 혼자 있을 때도 말을 잘하기 위한 연습에 몰입했다. 방 안이나 자동차 안에서 말하고, 거울에 비친 자신의 모습을 보고 눈을 맞추며 동작을 곁들여 연습하는 것을 게을리하지 않았다. 심지어 집에 있는 애완동물을 상대로 말하기 연습도 했다. 그 결과 25년간 〈래리 킹 라이브〉를 진행하며 CNN의 간판 사회자가 되었고, 다섯 차례의 에이스 상을 받을 수 있었다. 그는 2010년 은퇴 선언을 했지만 2013년 〈래리 킹 나우〉로 복귀하여 여든이 넘은 나이에도 활발하게 활동하고 있다.

여러분은 이긴 자가 전부를 가지는 시대에 살고 있다. 2등, 3등은 부스러기만 가질 뿐이다. 사람들이 공부나 일, 운동에서 최고가 되기 위해 죽을힘을 다하는 이유가 여기에 있다.

베스트셀러 작가이자 1인 기업가의 대표적인 성공 모델 공병호 박사. 그가 90분 외부 강연을 하고 받는 강연료는 평균 200~300만 원에 달한다. 하루 두 번 강의하면 그 수입이 평범한 직장인의 월급보다 높다. 그러나 지금의 그는 성공한 1인 기업가로 꼽히지만 10년 전에는 그렇지 않았다. 그가 직장생활을 그만두고 1인 기업가로 전향하려는 결정을 내렸을 때 참으로 외롭고 고독했을 것이다. 하지만 그는 자신의 선택과 결정을 믿었고, 고군분투한 끝에 최고가 될 수 있었다.

〈월간중앙〉의 박미숙 기자가 그에게 성공 비결을 물었다. 그러자 그는 이렇게 답했다.

"홀로서기에서 성공할 수 있는 가장 큰 비밀은 누구에게나 똑같이 주어진 하루 24시간을 잘 활용하는 것입니다. 오늘만 해도 새벽 2시에 자고 4시 반에 일어났습니다. 2시간 반을 자고 일어난 이유는 새벽 5시 반 강연을 해야 했기 때문입니다. 지금 「월간중앙」 인터뷰가 오늘의 네 번째 인터뷰입니다. 저의 하루는 보통 새벽 3~4시에 시작합니다. 일어나자마자 바로 집필을 시작합니다. 매일의 강연 준비는 주로 차에서 합니다. 제가 독립해 '호사'를 누리는 단 한 가지는 운전기사를 두었다는 것입니다. 차로 이동하는 시간이 많은데, 그 시간이 아까워서죠. 최근 현대자동차와 삼성전자에서도 강연을 의뢰해왔습니다. 중요한 강연이어서 팸플릿과 주요 내용을 계속 구상 중입니다. 숨 가쁘기는 하지만 힘들지는 않습니다. 생활을 체계화해 이런 생활에 이미 익숙해져 있기 때문이죠."

공병호 박사는 하루 24시간 계획에 따라 쉬지 않고 움직인다. 새벽 3~4시 기상해 하루를 시작하는 전형적인 새벽형 인간인 그는 성공할 수밖에 없는 사람이다. 그는 자기 분야에서 인정을 받으려면 자기경영이 필수라고 말한다.

"저는 10년 전 일기장에 적어놓았던 2010년 목표매출액을 이미 달성했습니다. 마지막까지 나를 지켜주는 것은 '자기경영'입니다. 사람들이 새로운 길을 걸을 때 실패하는 가장 큰 이유는 바로 스스로 무너지기 때문이죠. 자신만 무너지지 않는다면 살 길은 반드시 있습니다. 초조, 불안, 조바심, 두려움. 이런 것들은 삶을 사는 데 필요악입니다."

마지막까지 나를 지켜주는 것은 '자기경영'이라는 공병호 박사의 말에 공감한다. 자기경영, 자기관리가 따라주지 않는 사람은 절대 능력을 인정받을 수도, 그 분야에서 최고가 될 수도 없다. 무수한 변수에 의해 쓰러지고 무너지기 때문이다. 그래서 원대한 야망을 가진 사람은 가장 먼저 자기 자신을 돌볼 줄 알아야 한다.

04 '내가 가장 잘할 수 있다'고 최면을 걸어라

성공하는 사람과 실패하는 사람의 차이는 마음가짐에서부터 비롯된다. 전자는 처음 하는 일이거나 힘에 부치는 일을 하더라도 '된다, 나는 된다!'라고 긍정적으로 생각하는 반면에, 후자는 '안 돼, 나는 안 돼!'라고 부정적으로 생각한다. 일의 결과는 자신이 마음먹은 대로 되게 마련이다.

지금 하는 일이나 공부, 운동에서 잘하고 싶다면 '내가 가장 잘할 수 있다.'라고 자기 암시를 해야 한다. 자기암시란, 쉽게 말해 자신이 원하는 것을 마음속으로 이미 얻었다고 믿고 상상하는 것을 뜻한다. 자기암시는 자발적이고 의도적으로 반응을 이끌어내는 자의적 조건반사라고 할 수 있다. 자신이 원하는 이미지를 머릿속에 반복적으로 그리면 집중력이 높아지게 된다. 자연히 그 이미지가 뇌에 각인되는데 뇌는 그 이미지에 맞는 상황을 연출하기 위해 최선을 다하게 된다. 우리뇌는 실제 상황과 상상을 구분하지 못한다. 따라서 뇌는 두 가지 상황

중에서 더 나은 상황을 인지하고 그것을 재현하게 되는 것이다.

자기암시를 적용해 가난에서 벗어나 억만장자가 된 사람이 있다. 바로 세계 최고의 '선박왕' 오나시스이다. 젊은 시절 그는 빈민가에 최저 생계비로 월세방을 전전했다. 작은 키에 외모도 뛰어나지 않았고 대학도 나오지 않았지만 그는 독서를 통해 성공한 사람들의 성공 스토리를 즐겨 읽었고 그들의 성공 비결을 배워나갔다.

어느 날 그는 드라코리스라는 선박회사를 경영하는 그리스 재벌 코스타 그레초라는 사람과 만나게 된다. 그때부터 그의 인생은 180도 달라졌다. 그는 상류층의 사람들과 어울리기 시작했으며 사업도 성공적으로 운영되어 재산이 기하급수적으로 늘어났다.

하루는 퍼스트 레이디였던 재클린을 자신의 소유 요트 크리스티나 호에서 처음 대면하게 되었다. 이 요트는 400만 달러를 들여 제작했는데 그 길이만 해도 98미터에 달했으며 화려함과 아름다움의 극치를 말해주는 요트였다. 그는 재클린을 본 순간 첫눈에 반하고 말았다. 그후 그는 존 F. 케네디가 암살되고 재클린이 혼자가 되었을 때 습관적으로 재클린과 함께 행복한 시간을 보내는 상상, 즉 자기암시를 했다. 그 결과 상상은 현실이 되었다. 전 세계인이 지켜보는 가운데 재클린 케네디와 세기의 결혼식을 올린 것이다.

그동안 반복적인 실패에 빠져 있던 사람도 '잘할 수 있다.', '나는 된다.'라고 자기암시를 하게 되면 성공하는 인생으로 바뀌게 된다. 그 이유는 부정적인 사고에서 긍정적인 사고로 전환하게 되어 자신감을 가지게 되기 때문이다. 좀 더 자세하게 설명한다면 자신감으로 인해 주도적인 인생을 살아가기 때문이다. '자신감'과 '주도적인 인생'은 성공하는 인생을 위해 꼭 필요한 필수 성공 요소라고 할 수 있다.

그 사람의 미래를 내다볼 수 있는 방법이 있다. 바로 그 사람이 현재 어떤 사고를 가지고 있는지를 보는 것이다. 매사 긍정적이면서 진취적이라면 분명 자신의 뜻하는 바를 이루며 살아갈 수 있을 테지만, 부정적이고 좌절감으로 가득 차 있다면 후회스러운 인생을 살게 될 것이다.

한 청년이 지독한 가난이 싫어 무작정 집을 나왔다. 그는 집을 나와 거리를 떠돌기 시작했다. 하지만 그에게는 돈 한 푼 없었다. 그리고 아는 사람도 아무도 없었다. 그동안 친구들에게 자랑만 했던 터라 도움을 청할 수도 없었다. 그는 길거리를 돌아다니며 누군가 먹다 버린 음식을 먹으며 하루하루를 살았다.

어느 겨울날이었다. 그는 오랫동안 음식을 제대로 먹지 못해 거리에서 쓰러지고 말았다. 마침 근처를 지나가던 한 노인이 그를 발견했다. 노인은 그를 자신의 집으로 데려가 음식을 주고 정성껏 돌봐주었다. 그렇게 며칠이 지나자 청년은 다시 건강을 되찾을 수 있게 되었다.

하루는 노인과 함께 바람을 쐬러 나갔다. 노인은 멀리 빛나는 교회의 십자가를 가리키며 청년에게 물었다.

"자네, 저기 반짝이는 게 보이나? 자네의 눈에는 무엇으로 보이는 가?"

청년은 당연하다는 듯이 대답했다.

"아, 저 불빛 말씀입니까? 교회 위에 있는 십자가죠."
"맞아. 십자가야. 그리고 또 다른 모양으로는 보이지 않는가?"

노인의 말에 청년은 십자가를 한참 바라보았다. 하지만 아무리 보아 도 그냥 십자가일 뿐이었다.

잠시 뒤 노인이 다시 입을 열었다.

"자네, 학교에서 배운 '더하기' 표시로는 안 보이는가?"

그제야 청년은 무릎을 탁 쳤다.

"어르신, 그렇군요. 정말 더하기네요."

노인은 청년에게 말했다.

"아마도 자네는 지금껏 뺄셈만 하며 살아왔나 보군. 그래서는 세상에는 온통 절망뿐이야. 될 일도 안 되는 법이지. 자, 이제부터는 덧셈하는 훈련을 하며 열심히 살아보게나. 그러면 분명 세상에 희망이 가득하다는 것을 알 수 있을 거야. 또한 자네의 인생도 크게 바뀔 걸세."

교회 십자가를 '더하기'로 보는 사고의 전환은 참으로 중요하다. 사고의 지배를 받는 것이 행동이기 때문이다. 그런데 꿈과 성공이 행동에 의해 달성된다고 보면 사고가 얼마나 중요한지 깨달을 수 있다. 성공한 사람들은 입이 아프도록 "긍정적인 사람이 되어야 한다."라고 말한다. 그 이유는 400년 전 명나라 시대의 학자 홍쯔청이 쓴 『채근담』에 잘 나타나 있다.

"굳은 신념을 가지고 스스로 삶의 주체가 되어 다양한 일을 추진하는 사람은 어디에 있든 무슨 일이 일어나든 유연한 자세를 취할 수 있다. 그러나 자주성이 부족하고 타인과 환경에 의지하는 사람은 어려운 일이 생기면 모든 걸 남 탓, 환경 탓으로 돌리며 일이 잘되는데도 성공에만 집착한다. 이런 사람은 사소한 일에 얽매여 옴짝달싹 못 하게 된다."

그렇다. 긍정적인 사고를 가지면 주체성을 가지고 살아가게 된다. '내 인생의 주인은 바로 나다.'라는 생각을 가지게 되는 것이다. 어떤 시련과 역경과 마주하더라도 쉽게 포기하거나 전전긍긍하지 않는다. 자기 인생의 주인으로 의연하고 당당하게 행동함으로써 어려움을 잘 극복해낸다.

살다 보면 하기 싫은 일을 해야 할 때가 있다. 대표적인 것이 공부이다. 하지만 그렇더라도 공부와 담을 쌓을 수는 없다. 그 순간 인생은 낭떠러지로 추락할 테니까. 그렇다면 어떻게 해야 좀 더 즐거운 마음으로 공부를 할 수 있을까?

먼저 뇌의 작용에 대해 알아보자. 인간의 신체 중에서 가장 활발하게 혈액이 순환하고 있는 부분은 뇌세포이다. 이 뇌세포의 혈액이 언제나 신선하고 좋은 영양분을 공급한다면 아무리 끊임없이 활동할지라도 우리의 뇌는 조금도 피로를 느끼지 않는다. 하지만 걱정, 불안, 의심, 공포, 두려움 등을 느끼게 되면 독소가 발생되어 혈액으로 섞여들어가게 된다. 그리하여 뇌의 작용은 점차 둔화되고 피로감을 느끼게되는 것이다.

그러므로 공부가 귀찮고 하기 싫더라도 '공부는 재미있는 놀이야.', '지금 공부하면 내가 원하는 인생을 살 수 있어.', '지금 공부하면 몇 년후 몇 백 배의 보상을 받을 수 있어.'라고 자신을 설득해야 한다. 처음에는 뇌가 별다른 반응을 보이지 않지만 차츰 시간이 지나면서 뇌는정말 자신이 공부를 좋아한다고 착각하게 된다. 그리하여 공부에 대한반감이 줄어들고 더욱 즐겁게 공부에 집중할 수 있다. 이는 앞에서 말한 자기 암시의 원리와 같다.

지인 중 한 대학병원에서 의사로 근무하고 있는 사람이 있다. 그는

10대 시절부터 지금껏 불가능한 생각들을 해본 적이 없다고 말한다.

"나는 할 수 없다고 생각하는 것들을 떠올려본 적이 없다. '전교에서 1등을 할 수 없다.', '명문대에 들어갈 수 없다.', '꿈을 이룰 수 없다.' 그래서일까, 나는 지금 의사라는 꿈을 이루고 더 큰 꿈을 향해 나아가고 있다."

여러분, '나는 할 수 없다고 생각하는 것을 떠올려본 적이 없다.'라는 말에 주목해볼 필요가 있다. 그렇다. 할 수 없는 것보다 할 수 있는 것에 초점을 맞춰 사고하고 행동하라. 반드시 인생은 여러분의 그림대로 흘러갈 것이다.

05 가장 잘하는 분야에 전부를 걸어라

성공한 사람들은 가장 잘하는 분야에 자신의 전부를 걸었던 사람들이다. 물론 전부를 건 탓에 보통 사람들보다 더 많은 실패를 맛봐야 했고 곤경에 처했을 것이다. 하지만 그들이 일궈낸 성공은 보통 사람들의 입에서 감탄사를 연발하게 한다.

자신의 전부를 건 사람들은 헤아릴 수 없이 많다. 대표적인 인물로 맥도날드의 창업자 레이 크록, KFC의 창업자 커넬 샌더스, 델컴퓨터의 창업자 마이클 델, 마이크로소프트사의 창업자 빌 게이츠…. 이들에게 일은 자신의 목숨보다 소중했다. 그랬기에 그 일에 몰입할 수 있었고 자신의 역량을 키우는 데 집중할 수 있었다.

잠시 세계 최고의 부자인 빌 게이츠가 마이크로소프트사를 창업할 당시 상황에 대해 살펴 보자.

1973년 6월, 빌 게이츠는 레이크사이드의 졸업생이 되었다. 당시 그는 어느 대학에 가야 할지 진로를 고민하고 있었는데 교장선생님이 하버드 대학에 추천서를 써주었다.

"빌 게이츠는 학교에서 가장 뛰어난 컴퓨터 천재입니다. 특히 그는 다른 학생들에 비해 수학 연산 속도가 빠른데 교사보다 월등하다고 할 수 있습니다. 뿐만 아니라 빌 게이츠는 다른 두 친구와 함께 포틀랜드의 한 회사에 임금지불용 데이터베이스를 구축해주는 일로 고용되어 이 프로그래밍 업무를 성공적으로 마치기도 했습니다. 세 사람은 5,000달러 상당의 컴퓨터 사용 시간을 벌어들였는가 하면, 학교의 수업시간표 작성 프로그램 등을 개발했습니다. 빌 게이츠는 컴퓨터 외에도 정치와 연극 등 여러 분야에 관심이 깊고 다양한 분야의 책도 탐독했습니다."

그리고 얼마 후 빌 게이츠는 하버드대학으로부터 입학허가서를 받았다. 그런데 당시 그는 프린스턴대학과 예일대학에서도 입학허가서를 받았다. 그래서 그는 어느 대학을 선택해야 할지 고민에 빠졌는데 부모님은 아들이 훗날 법조인으로 살아가기를 바라며 하버드대학을 선택할 것을 권유했다. 그는 부모님의 뜻에 따라 하버드대학에 진학했는데, 그가 하버드대학을 선택한 진짜 이유는 자신이 가장 좋아하는 과목인 수학이 하버드대학이 가장 뛰어났기 때문이다.

하버드생이 된 빌 게이츠는 수학 과목은 죽을힘을 다해 공부했지만 법학 과목은 지루한 탓에 멀리했다. 그는 며칠 동안 컴퓨터실에서 햄

버거와 콜라로 배를 채우며 프로그래밍이나 게임에 빠져 있기도 했다.

　어느 날 아버지에게 전화가 왔다. 그때 아버지는 당시 미국을 떠들썩하게 했던 사건에 대해 물었다. 하지만 컴퓨터에 푹 빠져 지냈던 그는 그 사건에 대해 전혀 알지 못했다. 법학을 공부하는 아들이 이 사건을 모른다는 것을 이상하게 여긴 아버지는 그를 추궁했다. 결국 그는 아버지에게 솔직하게 고백했다.

　이 일로 인해 부자는 1년 동안 소원하게 지냈다. 그동안 아버지는 아들의 선택을 존중해주기로 마음먹었다. 그리고 자신의 마음을 전하기 위해 빌 게이츠에게 전화를 했다.

　아버지가 말을 하기 전에 빌 게이츠가 먼저 아버지에게 물었다.

　"아버지, 만약 누군가 어떤 일을 좋아한다면 집념을 가지고 밀고 나가야 할까요? 아니면 쉽게 포기하고 평범하게 살아가야 할까요?"

　잠시 후 아버지가 대답했다.

　"먼저 그 사람이 좋아하는 일이 올바른 일인지 생각해봐야겠지."

　빌 게이츠는 자신 있게 대답했다.

　"물론 올바른 일이예요!"

아버지가 이어서 말했다.

"그 다음으로는 그 사람이 그 일을 잘할 수 있는 조건을 갖추었는지 생각해봐야지."

"그 분야에 그 사람이 천부적인 재능을 타고났다는 걸 모두가 인정해요."

"마지막으로는 그 일이 그토록 집착할 만한 가치가 있는지 판단해봐야겠지."

이번에도 빌 게이츠는 자신 있게 말했다.

"확실히 가치가 있어요. 그 사람에게 그 일은 목숨보다 더 소중하기 때문이에요."

마지막으로 아버지는 애정이 담긴 어조로 말했다.

"그렇다면 그 일을 계속해보렴. 다만 중간에 어려움이 닥친다고 해서 쉽게 포기하지는 마라. 그 일을 포기하는 순간 그동안 바친 많은 노력과 시간 등 네게 아무것도 남지 않는다는 것을 명심해라."

이 일화를 통해 여러분은 '역시 빌 게이츠는 분명 보통 사람과는 달라.' 하고 생각할지 모른다. 물론 그는 대단한 인물이다. 하지만 여러분 역시 빌 게이츠와 다를 바 없는 대단한 사람이다. 단지 아직 빌 게이츠처럼 자신이 가장 잘할 수 있는 일을 찾지 못했거나 꼭 이루고 싶은 간절한 꿈을 찾지 못했을 뿐이다. 그렇다고 주눅 들 필요까진 없다. 곧 여러분도 자신의 영혼을 팔고 싶을 만큼 푹 빠지게 될 일을 찾게 될 테니까.

나는 여기서 여러분이 영혼을 팔고 싶을 만큼 좋아하는 일을 찾았을 때를 위한 조언을 하고자 한다. 대부분 자신의 열정을 쏟을 수 있는 일을 찾게 되면 눈에 콩깍지가 씌듯이 앞뒤 재지 않고 온통 그 일에만 집중하게 된다. 하지만 그래선 안 된다. 빌 게이츠의 아버지에게서 들은 충고를 기억해야 한다.

첫째, 그 사람이 좋아하는 일이 올바른 일인지 생각해볼 것.
둘째, 그 사람이 그 일을 잘할 수 있는 조건을 갖추었는지 생각해볼 것.
셋째, 그 일이 그토록 집착할 만한 가치가 있는지 생각해볼 것.

만일 빌 게이츠가 위의 세 가지 가운데 한 가지라도 어긋났더라면 분명 자신의 전부를 걸더라도 실패하고 말았을 것이다. 전부를 건 만큼 실패 역시 참담했을 것임은 불 보듯 뻔하다. 따라서 가장 잘하는 분야에 전부를 걸되, 위의 세 가지는 꼭 염두에 두어야 한다.

브루킹스연구소는 1927년부터 세계적으로 뛰어난 세일즈맨을 양성해내면서 세상에 이름이 알려졌다. 이 연구소는 해마다 학생들이 졸업할 시기가 되면 전통적으로 하나의 과제를 내주었다. 부시 대통령의 임기 중에는 그에게 도끼를 팔라는 과제를 내주었다. 그런데 학생들이 아예 도전해볼 생각조차 하지 않는 것이었다. 학생들이 무엇 하나 아쉬운 것이 없는 대통령이 도끼를 사줄지 의문이 들었기 때문이다.

그러나 조지라는 학생은 이 과제를 성공적으로 마쳤다. 그는 다른 학생들처럼 오랫동안 고민하지도 않았다.

그는 기자와의 인터뷰에서 다음과 같이 말했다.

"저는 부시 대통령에게 도끼를 파는 일이 충분히 가능하다고 생각했습니다. 그가 소유한 농장에는 나무가 많거든요. 그래서 저는 농장을 방문해보고 싶다고 부시에게 편지를 보냈습니다. 실제로 그의 농장에는 말라 죽은 나무가 많았어요. 그 나무들을 자르기 위해 새 도끼로 찍었을 때 너무 가벼워서 힘들었습니다. 마침 저에게 적당한 도끼가 있었어요. 할아버지께서 쓰시던 도끼인데 말라 죽은 나무들을 자르기에는 안성맞춤이었죠. 이런 이야기를 부시 대통령에게 편지로 써서 보냈습니다. 만약 대통령께서 관심이 있으시다면 제 주소로 답장을 달라고 말입니다. 그런데 며칠 뒤 꿈같은 일이 일어났습니다. 부시 대통령께서 저에게 15달러를 보내주신 것입니다."

사람은 자신이 가장 잘하는 분야에 전부를 걸면 무조건 잘하고, 성

공하게 되어 있다. 누군가 강요하지 않아도 스스로 몰입하고 열정을
쏟기 때문이다.

06 자신에게 기회를 주는 사람이 되라

클래식의 본고장, 동유럽에서 지휘자로 인정받는 한국인 지휘자 이영칠. 그는 가는 곳마다 관객들에게서 기립박수를 이끌어내는 클래식계의 이단아로 꼽힌다.

그러나 그가 어릴 때부터 클래식을 한 것도 아니고, 부모가 음악가도 아니다. 그렇다고 음악가로서의 정규 코스를 밟은 것도 아니다.

현재 동유럽은 경제난이 심각하다. 그래서 외국 지휘자를 초빙할 때 그들은 흥행성에 신경 쓴다. 하지만 단 한 사람은 예외이다. 이영칠이다. 이쯤 되면 그의 성공 비결이 궁금해진다.

이영칠은 대학에 진학하기 위해 호른을 시작했다. 하지만 클래식은 따분하기만 할 뿐 재미라고는 눈곱만큼도 찾아볼 수 없었다. 무엇보다 한국에서 클래식 음악으로 성공하기는 너무 늦은 19살이었다. 그러나 그는 곧 호른에서 두각을 나타내기 시작했고 한국 최고의 호른 연주자가 되었다.

그러던 어느 날, 위기가 찾아왔다. 호른을 아무리 불어도 소리가 나지 않는 것이었다. 그는 절망에 빠졌고 극심한 고통의 시간을 보내야 했다. 절망의 끝에서 그를 구원한 것이 지휘였다.

이영칠은 지휘를 하면서 연주자로서는 느끼지 못했던 감정을 느끼게 되었다. 그는 아내와 아이를 아버지에게 맡기고 지휘자 활동을 시작했다. 지휘자로써 명성을 쌓기 위해 그가 택한 방법은 여러 도시를 돌며 연주 경험을 쌓는 것이었다. 그는 4년 동안 300회가 넘는 공연을 했는데, 동유럽 10개 나라 50여 개의 오케스트라에서 지휘를 하기도 했다. 처음에는 동양인 지휘자라는 사실에 동유럽의 연주자들은 면전에서 그를 조롱하고 무시했다. 하지만 그는 좌절하거나 절망하지 않았다. 힘들수록 그들과 싸울 무기인 음악을 향한 칼날을 곧추 세웠다. 그렇게 그는 마침내 동유럽인들의 마음의 편견을 무너뜨리고 그 자리를 감동으로 채웠다.

음악이 전부인 그를 보면서 '불광불급(不狂不及)'이라는 고사성어가 생각났다. 불광불급은 '무언가에 미치지 않으면 목표에 도달할 수 없다.'라는 뜻을 가지고 있다. 그렇다. 한 가지 일에 미치지 않으면 그 일에서 최고가 될 수 없다. 끝까지 밀고 나가야 끝을 볼 수 있다는 말이다. 대충하다가는 중간만 하게 되고 결국 어중간한 인생을 살게 된다.

'테란의 황제'로 불리는 프로게이머 임요환. 그는 『나만큼 미쳐봐』라는 자전적 에세이를 출간해 큰 반향을 일으켰다. 그 책에는 프로게이머로서의 그의 열정이 고스란히 담겨 있다. 그는 자신이 갈 길은 프로 게이머라는 것을 깨닫고는 단 하루도 게임에서 손을 뗀 적이 없다고 한다. 30시간 동안 쉬지 않고 연습에 매달린 나머지 손목이 움직이지 않는 마비 증세까지 올 정도로 피나는 노력을 했다는 것이다. 프로게 이머가 되는 길도 험난하지만 그 세계에서 살아남기 위해선 얼마나 분 투해야 하는지 잘 말해주고 있다.

이수창 전 삼성생명 사장은 다음과 같이 말했다.

"나는 신입사원 시절부터 사장을 꿈꿔 왔고, 그래서 사장이 되었다. 회사에 출근하고 싶어 새벽 2시, 3시, 4시에 잠에서 깨어났다. 일이 좋고 일을 사랑했기 때문에 직장에 출근하는 것이 너무나 자랑스럽고 보람 있었다. 한때는 빨간 날을 싫어했다. 365일 하루도 쉬지 않고 출 근한 게 아마도 4년은 넘을 것이다."

그의 말에서 지금처럼 성공할 수 있었던 비결을 엿볼 수 있다. 자신 의 분야에서 최고가 된 사람들은 지독하다고 할 만큼 무서운 몰입력을 가지고 있다. 자신이 뜻하는 바를 이루지 못하는 죽음도 불사할 태세 이다. 그러니 성공할 수밖에 없는 것이리라.

외국의 성공자들 역시 마찬가지이다. CNN 월드와이드 사장 제프 주커와 미국 대통령 도널드 트럼프의 말을 들어보자.

"나는 보통 하루에 네 시간 내지는 다섯 시간을 자지만 항상 잠을 많이 자는 것 같아 불만이다. '잠을 좀 더 줄일 수만 있다면, 더 많은 일을 할 수 있을 텐데….' 하면서 말이다."

   – CNN 월드와이드 사장, 제프 주커

"나는 하루에 12시간, 많게는 14시간씩 일한다. 보통 주말에도 그렇게 일한다. 나는 네 개의 골프장을 소유하고 있다. 또, 전 세계에 수없이 많은 부동산을 갖고 있다. 마음만 먹으면 적당히 즐기면서 살 수도 있다. 하지만 나는 열심히 일하는 것으로써 즐긴다. 만약 그렇지 않았더라면 오늘날의 나는 없었을 것이다."

   – 미국 대통령 도널드 트럼프

그들은 일을 일로 여기기보다 재미있는 놀이로 여겼다. 아무리 재미있는 일도 일로 여기게 되면 의무감이 때문에 부담감이 생겨나게 된다. 하지만 놀이로 여기게 되면 부담 없이 즐기게 된다. 따라서 아무리 오래 일해도 힘들지 않고 오히려 실력만 향상되게 된다. 그 결과 자연스레 성공하게 되는 것이다.

일도, 공부도, 운동도 불광불급의 마음으로 임하면 최고의 성과를 발휘할 수 있다. 천재들의 습관을 연구한 캐서린 콕에 의하면, 역사상 가장 위대한 천재 300명 중 대부분이 지독한 메모광이라는 공통점을 가지고 있다고 한다. 그들은 자신이 하는 일에서 좀 더 나은 성과를 발휘하기 위해 끊임없이 창의적인 생각을 기록했던 것이다.

슈베르트는 때로 식당의 식권과 입고 있던 옷에 그때그때 떠오른 악상을 적어 아름다운 곡을 쓸 수 있었다. 다산 정약용은 18년 동안 유배지에서 고난의 세월을 보내야 했지만, 자신만이 터득한 독서 노하우로 무려 500여 권이나 되는 저술을 남겼다. 에디슨은 하루에 18시간 일을 했지만 수면 시간은 고작 4~5시간에 불과했다. 그는 생전에 이런 말을 남겼다.

"죽기 전에 큰일을 하고 싶다고 말하는 사람에게는 코끼리의 몸을 구석구석 닦아보라고 충고할 필요가 있다."

이 말은 불평불만을 터뜨릴 시간에 차라리 자신의 몸과 마음을 갈고 닦기 위해 노력하는 뜻을 담고 있다. 자신의 일에 푹 빠지기 위해선 가장 먼저 몸과 마음이 그 일에 빠져들 준비가 되어 있어야 하기 때문이다.

자신의 일에 몰입하는 사람들은 끊임없이 메모하고 생각한다. 결국 '더 잘되는 방법'을 생각해내게 된다. 무언가에 미치지 않으면 목표에 도달할 수 없다는 것을 누구보다 잘 알고 있다. 이것이 그들이 더 잘되고 더 크게 성장하는 비결이다.

배대열 대표의 별명은 음식 재벌이다. 붕어빵 장사로 시작했지만 별난버섯집, 별난매운탕, 다슬기마을, 해초의 꿈 등 350여 개 가맹점을 거느린 프랜차이즈 회사다.

그는 군 복무를 마칠 때까지 학력이 중졸이었다. 경남 하동에서도 60리(약 25km)나 떨어진 북천의 가난한 마을 출신, 그는 제대 후에 고졸 검정고시를 거쳐 대학에 겨우 입학했으나 학비가 문제였다. 그는 붕어빵을 구웠다. 그러나 열흘 내내 손만 트고 허탕만 쳤다. 열한 번째 날, 그는 붕어빵에 팥을 넣는 숟가락을 바꿨다. 일반 붕어빵에 비해 4배가 넘게 팥을 넣었다. 100원짜리 하나를 사서 먹은 손님이 10개를 사서 돌아갔다. 그는 여기에서 한 가지 신념을 얻었다.

"손님은 논밭, 음식은 거름이다. 논밭에 거름을 주면 수확이 풍성하다. 먹는장사도 마찬가지다."

겨우 대학은 졸업했지만 이미 나이는 28세였다. 취직은 포기해야 했다. 식당에 식자재를 납품하는 일부터 시작해 경험을 쌓았다. 마침내 1995년, 별난버섯집이라는 이름으로 버섯 매운탕 식당을 차렸다. 위치는 경기도 하남시 변두리였다. 모두 미쳤다고 했지만 그는 개의치 않았다.

"꽃은 깊은 산중에 홀로 피어 있어도 벌이 찾아온다."

대박이 터졌다. 석 달도 안 돼 '별난버섯집'은 일대 맛집이 되었다. 하루 매출 1,500만 원을 찍었다. 그는 이후 속속 체인 사업을 벌여 2000년대 초, 퍼시픽씨푸드로 회사명을 바꾸고 남미 에콰도르에 원근해 어업회사 마라타를 세웠다.

참고 문헌

- 『내 가슴 속 램프』, 정채봉, 샘터사
- 『성공의 기술』, 빌 보그스, 행복우물
- 『좋은 인생 좋은 습관』, 윌슨 프로랜스, 휘닉스

5장

사람들을
내 편으로 만들지 못하면
성공은 없다

학교 밖 성공한 사람들 5 류수노 한국방송통신대학교 총장

01 경청, 상대방의 마음을 열게 한다

대화는 주거니 받거니 하는 상호 작용의 과정이라고 할 수 있다. 한 사람이 말할 때 다른 사람은 듣고 그런 다음에 원활하게 서로의 역할을 교환하게 된다. 결국에는 말하고 들은 시간이 비슷해지는 것이다.

'그릇이 큰 사람은 경청할 줄 아는 사람이다.'라는 말이 있다. 문득 그릇이 큰 사람이면서 경청의 대가인 삼성 이건희 전 회장을 떠오른다. 잠시 이건희 전 회장에 대한 이야기를 할까 한다.

삼성 이건희 전 회장이 삼성 부회장으로서 첫 출근하던 날이었다. 그의 아버지 이병철 회장은 그를 자신의 방으로 호출했다. 그리고 붓을 들어 직접 '경청'이라는 휘호를 그에게 써주었다. 대기업을 이끄는 총수로서 경청, 즉 남의 말을 잘 듣는 것이야말로 금과 옥처럼 경영자가 지켜야 할 자세임을 강조한 것이다.

이병철 회장은 남의 말을 경청하는 경영자였다. 그는 상대의 말을 충분히 듣고 나서 판단하는 기업인이었다. 아버지의 영향을 받은 이건희 전 회장도 남의 말을 끝까지 경청하는 경영자로 손꼽힌다.

그는 언젠가 소설가 박경리 씨와 함께 한 시간 반 동안 식사를 하게 되었다. 그때도 그는 거의 말을 하지 않은 채 박경리 씨의 말을 듣는 데 집중했다. 이건희 전 회장과 대화를 해본 사람들은 하나같이 그가 정말 빈틈없는 무서운 사람이라고 혀를 내두른다. 사실 자신의 말을 하기보다 상대의 말을 집중해서 듣는 사람에게 빈틈이 보일 리 없다.

이어령 전 문화부장관은 이건희 전 회장에 대해 "그의 한 마디가 나의 열 마디를 누른다."라는 말로 그의 경청에 대해 감탄한 바 있다.

이건희 전 회장은 경영자 시절 사장단 회의나 보고를 받을 때 많은 시간을 경청하는 데 할애했다고 한다. 그러나 한 번 입을 열면 4~5시간은 기본이고 어떤 날에는 10시간이 넘도록 말을 했다고 한다.

이건희 회장이 삼성을 세계 최고 브랜드로 키울 수 있었던 힘 역시 임직원들을 향한 경청 덕분이었을 것이다.

경청, 귀를 기울여 듣는 것을 뜻한다. 하지만 말이야 쉽지 실천하기란 말처럼 쉽지 않다. 사람은 상대방의 말을 주의 깊게 듣기보다 자신의 이야기를 하는 데 마음이 앞서기 때문이다. 그래서 대화를 하다 보면 "네 이야기 그만하고 내 이야기도 좀 들어봐!", "그래, 너 잘났다!" 이런 말이 오간다. 그러다 대화 분위기가 험악해지는가 하면 심지어 둘의 관계가 소원해지기까지 한다.

경청으로 서민에서 한나라의 황제가 된 인물이 있다. 초패왕 항우를 물리치고 한나라 황제가 된 유방이다. 서민으로서 한량 출신이었던 그는 여러 사람들의 조언을 무겁게 받아들임으로써 성공한 인물이다. 그는 훗날 자신이 성공한 이유를 다음과 같이 말했다.

"장막 안에 앉아 계책을 써서 천 리 밖의 승부를 결정짓는 것은 짐이 장량을 당하지 못하고, 백성을 편안하게 하면서도 군량을 수송해 병사들을 굶주리지 않게 하는 것은 짐이 소하보다 못하다. 대군을 지휘하여 싸우면 반드시 이기고 공격하면 반드시 점령하는 데는 짐이 한신을 따르지 못한다. 짐은 바로 이러한 인재들을 잘 등용했기 때문에 천하를 얻을 수 있었다. 그러나 항우는 범증이란 인재가 있었으나 제대로 쓰지 못했기에 천하를 잃고 나에게 사로잡힌 것이다."

유방에 말에 경청이라는 말이 빠져 있지만 초한지를 읽어본 사람이라면 그가 측근들의 말을 함부로 무시하거나 독불장군처럼 행동하지 않았다는 것을 알고 있다. 오히려 그는 자신의 부족한 점을 측근이나 주위 사람들의 조언을 귀담아 듣고 활용했다.

그러나 항우는 그렇지 못했다. 그는 이기려는 마음이 앞섰다. 그래서 사람들의 이야기를 경청하기보다 자신의 말과 행동을 앞세웠다. 그 결과 승리를 할수록 적이 늘어나 스스로 자신의 날개를 꺾고 말았다. 만일 항우가 측근들의 이야기에 경청하고 적극 활용했더라면 자신보다 모든 면에서 부족한 유방에게 억울하게 죽지 않았을 뿐 아니라 천하의 주인이 되었을지 모른다.

　그렇다면 어떻게 경청해야 상대방의 마음을 열게 할 수 있을까? 토크쇼의 황제 래리 킹은 "대화의 제1규칙은 경청이다. 당신이 타인의 말에 귀 기울이지 않으면 그들도 당신의 말에 귀 기울이지 않는다."라고 말한 바 있다. 경청의 첫 번째 마음가짐은 자기중심이 아니라 상대방 입장에서 말해야 한다는 것이다. 지금 상대방의 말을 듣는 경청자의 입장이라면 하고 싶은 말이 있어도 상대방의 말이 끝날 때까지 기다려야 한다. 중간에 상대방의 말을 끊게 되면 상대방은 반감을 가지게 된다. 자연히 유쾌한 대화를 할 수 없게 된다.

　사람은 누구나 자기의 말을 잘 들어주는 사람에게 호감을 느끼게 된다. 고마운 마음과 더불어 그 사람과 가까워지려고 노력한다. 그때부터 사랑과 우정이 싹트게 된다.

　미국의 대통령이자 억만장자인 도널드 트럼프는 자신의 성공 비결을 다음과 같이 말했다.

　"나는 고등학교 시절에 사람들을 다루는 법을 배웠다. 그리고 그들을 조정하는 방법도 터득했다. 그때 나는 한 사람 한 사람을 이해하는 것은 마치 퍼즐게임을 하는 것 같다는 사실도 깨달았다. 이런 깨달음이 나중에 협상 기술에 많은 도움을 주었으며 자연스럽게 본능으로 정착되어 버렸다. 그렇지만 나는 그런 재능과 기술들을 평생 끊임없이 갈고 닦았다."

도널드 트럼프가 부동산으로 억만장자가 될 수 있었던 것은 남다른 협상 기술력 때문이다. 그는 고교시절부터 사람들을 다루는 법을 배웠다고 한다. 상대방에게 원하는 바를 얻기 위해선 먼저 경청할 줄 알아야 한다는 것을 배웠다. 그 역시 삼성 이건희 전 회장, 한나라 황제 유방과 같이 경청할 줄 아는, 그릇이 큰 사람이었던 것이다.

여러분은 지금부터 경청하는 습관을 가져야 한다. 어쩌면 사소해 보이고 아무렇지 않게 보이는 이 습관이 여러분의 인생에 어떤 기회와 행운을 안겨다줄지 모른다.

가족 치료 박사 마이클 P. 니콜스는 이렇게 말했다.

"관심 있는 체하며 듣는 사람은 때때로 자신을 속이기도 하지만, 우리를 오랫동안 속이지는 못한다. 정말로 경청하는 사람은 속이거나, 입 바른 말을 하거나, 도발하거나, 말을 끊지 않는다. 그들은 자신을 접어두고 경청한다."

경청은 상대방의 입을 열게 한다. 입이 열리면 자연히 마음이 열리게 마련이다. 마음이 열리면 자연스레 상대방과 나는 친밀한 사이가 될 수 있다. 세상의 모든 인간관계의 시작점이 바로 '경청'이라는 것, 명심하자.

02 설득, 싸우지 않고 승리하게 한다

우리는 다양한 사람들과의 복잡한 이해관계에 얽혀 살아간다. 여러분도 부모님과 형제, 선생님과 친구들에게 자신의 주장을 설득시켜야 할 때가 있다. 그때 상대방을 원하는 대로 설득하는 사람이 있는 반면에, 오히려 설득당하는 사람도 있다.

빌 클린턴 미국의 전 대통령은 설득의 달인으로 정평이 나있다. 그는 자신의 의견에 반대하는 사람을 한 시간 내에 자기편으로 만드는 비범한 능력을 지니고 있다. 그렇다면 그에게는 어떤 비결이 있는 걸까? 아주 간단하다. 그는 만나는 사람 모두를 방에 단둘이 있는 것처럼 대했던 것이다. 일명 '무인도법칙'이라고 할 수 있다. 세계적인 앵커 바바라 월터스는 백악관에서 클린턴을 인터뷰를 마치고 그의 설득 비결을 이렇게 말했다.

"빌 클린턴 대통령은 세상에서 가장 바쁜 사람 중의 한 사람인데, 나를 세상에서 가장 귀하게 대해주었다. 나는 인터뷰 내내 그의 눈 속에 빠져들었다."

그렇다. 세상의 그 누구도 자신을 귀하게 대하는 사람 앞에서 마음이 움직이지 않을 사람은 없다. 그래서 설득의 달인들은 누군가를 설득할 때 세상에서 가장 귀중하게 대하라고 조언한다. 사실 대통령보다 더 바쁜 사람은 없다. 하물며 세상에서 가장 바쁜 미국의 대통령조차 상대방에게 초점을 맞춰 귀하게 대접한다는데 우리 같은 보통 사람은 말해서 무엇을 하랴.

그러나 대화를 할 때 상대방을 귀하게 대하기란 말처럼 쉽지 않다. 상대방을 높이면 나 자신이 낮아진다는 생각이 들기 때문이다. 이런 얄팍한 생각 때문에 상대방을 설득하기는커녕 관계에 금만 가게 된다. 그렇다면 정말 상대방을 높이면 나 자신이 낮아지게 될까? 그렇지 않다. 나 자신을 낮추고 상대방을 높이게 되면 상대방은 나에게 호감을 가지게 된다. 호감을 가지게 된 상대방 역시 알아서 나를 존중하기 때문이다.

순간의 감정을 참지 못해 화를 자초하는 사람이 있다. 잠시 격한 감정을 억누르고 시간을 두고 생각해보면 충분히 이해할 수 있는 일인데도 불같이 화를 냄으로써 돌이킬 수 없는 사태로 이어지게 된다.

인간 경영과 자기계발 분야 최고의 컨설턴트로 불리는 데일 카네기. 그 역시 젊은 시절에는 급한 성격으로 사람들과 종종 다툼이 있었다. 다음 일화를 통해 카네기가 어떻게 달라졌는지 살펴보자.

어느 해 데일 카네기는 라디오 방송국에 출연한 적이 있었다. 그때 그는 링컨 대통령의 정책의 장단점을 신랄하게 비판했다.

그리고 며칠 뒤 그는 평소 링컨을 존경했다는 한 여성 청취자로부터 한 통의 편지를 받았다. 그 편지는 그가 주장한 몇 가지 이야기가 사실과 다르다는 내용이 든 자료였다. 그녀는 사실을 제대로 확인하지도 않았다며 카네기를 비난했다. 순간 카네기는 참을 수 없는 모욕감을 느꼈다.

그동안 몇 권의 베스트셀러 책을 펴내며 많은 강연을 해왔던 카네기는 자신의 명성에 먹칠을 당하는 수모를 참을 수 없다고 생각했다. 감정이 격해진 그는 즉시 그녀와 똑같은 어투로 비난과 경멸의 답장을 쓰기 시작했다. 하지만 그가 편지를 다 썼을 때는 이미 비서도 퇴근한 뒤였다. 그는 다음 날 아침에 편지를 부치려고 책상 위에 놓아두었다.

그런데 다음 날 아침 그 편지를 다시 한 번 읽어본 그는 부끄러운 마음이 들었다. 자신이 옹졸하고 교만하게 느껴졌기 때문이었다. 카네기는 마음을 차분하게 하고 책상에 앉아 다시 편지를 쓰기 시작했다. 다시 쓴 편지에는 놀랍게도 자신에게 그런 충고를 해주어서 고맙다는 말과 고마운 친구로 기억에 남을 것이라는 진심이 담겨 있었다.

카네기는 그 일을 계기로 화가 나는 일이 있으면 하루가 지난 다음

다시 생각해보는 습관을 가지게 되었다. 그리고 그는 강연에서 만나는 사람들에게 이렇게 조언했다.

"화가 났을 때 자신에게 하루만 시간을 주십시오. 그 후에도 화가 나면 화를 내십시오. 그것이 너그러운 사람이 되는 비결입니다."

카네기는 여성 청취자에게 그녀가 주장한 몇 가지 이야기가 사실과 다르다며 반박하고 싶었다. 그대로 두었다가는 자신의 명성에 금이 갈 수 있기 때문이다. 하지만 그는 편지를 당장 부치지 않고 다음 날까지 그냥 두었다. 그리고 다시 편지를 보았을 때 격한 감정으로 쓴 편지는 상대방에게 설득은커녕 오히려 화만 돋울 수 있다는 것을 깨달았다.

만일 카네기가 여성 청취자에게 쓴 편지를 바로 부쳤다면 어떻게 되었을까? 여러분이 생각하는 대로 분명 사태는 걷잡을 수 없게 되었을 것이다.

가끔 다른 누군가를 바람직한 행동으로 이끌기 위해 설득을 해야 할 때가 있다. 그때는 백 마디 말보다 여러분 자신이 바람직한 행동을 보여주는 것이 낫다. 쉽게 말해 먼저 솔선수범을 보이라는 뜻이다.

세계 최초의 백화점인 워너메이커 백화점의 설립자이자, 신문 광고 및 정찰 판매제를 개척한 존 워너메이커를 만나보자.

어린 시절 존의 집은 너무나 가난했다. 가난한 존은 미국의 필라델 피아의 한 벽돌 공장에서 일을 했다. 그 일은 어른들이 해도 힘들다고 할 정도로 거친 일이었다.

어느 날 존이 일을 마치고 돌아오는 길이었다. 마침 비가 내려 마을의 도로는 온통 진창길이었다. 그 길은 포장이 안 되어 비가 조금만 내려도 흙탕물이 튀어 걷기가 불편했다.

그러나 사람들은 불편을 겪으면서 불평만 할 뿐 누구 한 사람 선뜻 나서서 길을 고칠 생각은 하지 않았다. 존은 달랐다. 그날 집으로 돌아오면서 자신이 그 길을 벽돌로 포장해야겠다고 다짐했다.

다음 날부터 존은 얼마 안 되는 자기 임금에서 날마다 일부를 떼어 벽돌 한 장을 사다가 길에 깔기 시작했다. 하지만 그 넓은 길을 다른 사람의 도움 없이 혼자서 벽돌을 깐다는 것은 도저히 불가능한 일이었다.

존이 혼자서 길에 벽돌을 깔기 시작한 지 어느덧 한 달이 지났다. 하루는 존이 여느 날과 마찬가지로 벽돌 한 장을 길에 깔고 있었다. 그때 마을의 어느 한 사람이 우연히 존의 모습을 보게 되었다. 마침 길에는 마흔 장의 벽돌이 나란히 놓여 있었다. 그 광경을 본 그는 존이 비만 내리면 걷기가 불편한 진창길을 고치기 위해 날마다 길에 벽돌을 한 장씩 깔았다고 마을 사람들에게 전했다. 이 소문은 순식간에 마을 전체로 퍼졌다.

존의 이야기를 들은 마을 사람들은 자신의 모습을 반성하기 시작했다. 그리고 얼마 지나지 않아 마을 사람들이 모두 참여해 길에다 벽돌을 깔았다. 그 길이 완성되자 아무리 많은 비가 내려도 흙탕물이 튀는 일은 없었다.

　백화점 왕 존 워너메이커처럼 때로 솔선수범이 사람들에게 강력한 설득이 되기도 한다. 행동이 뒷받침되지 않는 말은 아무런 효력이 없기 때문이다. 그래서 설득의 대가들은 항상 사람들에게 말과 행동 등에서 모범이 되도록 노력하는 것이다.

　설득은 상대방과 싸우지 않고 승리하는 비결이다. 따라서 설득의 기술을 몸에 익힌다면 다양한 사람과 친구가 될 수 있을 뿐 아니라 자신의 원하는 성공을 빨리 이룰 수 있다.
　설득의 대가가 되기 위해서는 남의 말을 잘 경청할 수 있어야 한다. 경청하지 않는 사람이 설득의 대가가 되는 것은 어불성설이다. 그래서 설득의 대가들은 모두 상대방의 이야기에 몰입한다. 먼저 호감을 사야 마음이 열리고 설득이 가능하기 때문이다.

03 칭찬, 상대방의 잠재력을 일깨워준다

주변에는 늘 사람들로 둘러싸여 있는 사람이 있다. 특히 성공한 사람들 가운데 많다. 성공은 나 혼자 힘으로 이룰 수 있는 것이 아니다. 성공으로 이끌어주는 다양한 기회와 행운이 사람과 사람 사이에서 비롯되기 때문이다. 따라서 다양한 사람들과 좋은 관계를 가질수록 성공할 확률이 높아진다.

칭찬에 관한 글을 쓰다 보니 오래전에 켄 블랜차드의『칭찬은 고래도 춤추게 한다』라는 책을 감명 깊게 읽은 기억이 난다. 저자는 직장과 가정의 모든 인간관계에서 성공하는 비결이 칭찬이라고 말한다.

그는 어느 날 범고래 쇼를 구경하러 간 적이 있었다. 그때 포악한 범고래가 조련사의 지휘에 따라 묘기를 부리는 게 너무 신기했다. 사실 범고래는 바다에서 가장 강력한 포식자이다. 그런 범고래가 조련사가 시키는 대로 움직이고 있었던 것이다. 그는 사나운 범고래를 춤추게 하는 동기를 연구했고 그 답이 조련사의 '칭찬'이라는 것을 알 수 있었다. 조련사는 범고래에게 칭찬을 해주면서 고래에게 동기를 부여했던 것이다.

관객들 앞에서 쇼를 하는 범고래는 귀여운 돌고래가 아니다. 자그마치 몸길이 15m에 무게가 3~5t에 이르는 백상아리보다 포악한 존재다. 하지만 그런 범고래조차 조련사의 칭찬으로 최선을 다해 훈련에 임하고 쇼를 펼치게 되는 것이다.

칭찬은 사람뿐 아니라 동물의 잠재되어 있는 능력을 이끌어낸다. 한 학생이 최선을 다해 공부를 했지만 성적이 조금밖에 오르지 않았을 때 부모님이 칭찬과 격려를 해준다면 고무되어 실망하지 않고 더욱 열심히 공부하게 된다. 그래서 지혜로운 사람들은 상대방을 비난하기보다 칭찬과 격려로 더욱 열심히 할 수 있도록 자극한다.

첼로의 거장 그레고르 피아티고르스키가 젊은 시절 처음으로 연주회를 가졌을 때였다. 연주를 시작하기 위해 무대에 섰을 때 청중석 제일 앞줄에 당대의 제일가는 첼리스트인 카잘스가 앉아 있는 모습이 보였다. 순간 그는 당황한 나머지 침착함을 잃고 말았다. 그날 연주회는 자신이 생각해도 부끄러울 정도로 엉망이 되고 말았다.

그런데 연주가 끝났을 때 뜻밖에 카잘스가 자리에서 일어나 열렬한 박수를 치기 시작했다. 다른 관객들 역시 카잘스를 따라 박수갈채를 보냈다. 이날 있었던 일은 피아티고르스키에게 잊을 수 없는 감격의 순간이었다.

몇 해가 지나고 피아티고르스키도 카잘스와 마찬가지로 세계적인 연주자로 성장했다. 하루는 그가 카잘스와 자리를 같이하게 되었다. 그는 그동안 카잘스를 만나면 꼭 물어보고 싶었던 것을 조심스럽게 물었다.

"선생님은 오래전 제가 처음으로 연주회를 가졌을 때 연주가 엉망이었는데도 박수를 쳐주셨습니다. 그 이유는 무엇입니까?"

카잘스는 그 자리에서 첼로를 손에 들고 말했다.

"그때 자네는 왼손으로 첼로를 이렇게 들고 오른손의 활을 이렇게 놀리며 이 곡의 이 소절을 이렇게 켰네."

카잘스는 이어서 말했다.

"그때 자네가 켰던 그 음은 내가 오랫동안 찾고 있던 것이라 얼마나 감동스러웠는지 모른다네. 나는 그 음을 내는 방법을 그때 자네로부터 배운 것이지. 설사 그때 자네가 낸 백 가지 음이 나빴다 해도 그 중에 한 음만이라도 내가 배울 수 있다면 자네는 나의 선생이 되는 걸세. 나는 나를 가르쳐주는 선생에게는 언제나 감사의 뜻으로 아낌없이 박수를 보낸다네."

그날 카잘스의 칭찬이 그레고르 피아티고르스키에게는 큰 용기를 심어주었고 마침내 세계적인 첼리스트 중 한 사람이 되었다.

친구의 칭찬은 좌절에 빠져 있는 친구를 일으켜 세우고 부모의 칭찬은 책과 담쌓은 자녀를 책벌레로 만든다. 칭찬의 위대한 힘은 일일이 열거할 수 없을 정도로 많다.

생활하다 보면 집과 학교 등에서 속상할 때가 많다. 하지만 이때 누군가로부터 듣는 칭찬과 격려가 큰 힘이 되고 동기부여가 된다. 자신에게 칭찬과 격려를 해준 친구가 정말 고맙고 소중하게 생각된다. 따라서 친구들에게 칭찬하는 친구가 되어보자. 칭찬은 상대방과 나 사이의 거리를 좁히고 든든한 지원군이 된다.

데일 카네기는 어렸을 때 동네에서 소문난 장난꾸러기였다. 빈민촌에서 살았던 카네기가 9세 때 그의 아버지는 재혼을 했다. 카네기가 새어머니와 처음 만나는 자리에서 그의 아버지는 이렇게 소개했다.

"이 녀석이 바로 우리 동네에서 가장 유명한 말썽꾸러기야. 정말 골칫덩어리지. 모르긴 해도 내일 아침 당신한테 돌을 집어던지거나 나가서 한바탕 말썽을 부리고 돌아올 거야. 이 녀석은 정말 어떻게 해볼 수 없다니까."

하지만 새어머니는 미소를 지으며 카네기에게 다가가 이렇게 말했다.

"여보, 당신이 틀렸어요. 이 아이는 말썽꾸러기가 아니라 동네에서 가장 똑똑한 아이예요. 아직 가슴속에 담긴 열정을 어디에 쏟아야 할지 모르는 것뿐이에요."

새어머니의 말은 카네기의 가슴을 뭉클하게 했다. 그동안 누군가에게 칭찬과 격려를 받은 적이 없었기 때문이다. 그 후로 카네기와 새어머니의 사이는 누구보다 좋았고 사랑과 우정을 쌓아갔다.

새어머니와 함께 생활하게 된 후로 카네기는 동네 사람들로부터 더 이상 말썽꾸러기라는 말을 듣지 않았다. 오히려 칭찬받는 일이 더 많은 아이로 변화되었다. 카네기가 14세가 되던 해 새어머니는 그에게 타자기를 사주며 말했다.

"어머니는 네가 작가가 될 수 있을 거라고 믿는다. 너에게는 이미 충분한 재능이 있어."

그는 어머니의 말씀대로 글을 쓰기 시작했다. 얼마 지나지 않아 지역신문에 글을 투고하여 연재했다. 훗날 그는 20세기에 가장 영향력이 큰, 세계적인 동기부여가가 되었다.

변화와 혁신으로 GE를 세계 최고의 기업으로 성장시킨 잭 웰치 회장은 어려서 심한 말더듬이였다. 그래서 학교에서 친구들에게 조롱과 따돌림을 받았다. 하루는 상심에 빠져 있는 그에게 어머니가 다음과 같이 격려했다.

"너는 머리가 몹시 좋은 아이야. 단지 두뇌 회전이 너무 빨라서 말이 미처 생각을 따라가지 못할 뿐이란다. 넌 장차 커서 훌륭한 사람이 될 거야."

잭 웰치는 어머니의 칭찬과 격려에 용기를 얻었다. 그때부터 말더듬이라는 콤플렉스에 연연하지 않고 열심히 공부에 전념하고 친구도 적극적으로 사귀게 되었다.

미국 역사상 최초로 100만 달러가 넘는 연봉을 받은 앤드류 카네기. 그는 미국 철강회사의 사장이었다. 어느 날 한 기자가 철강왕 앤드류 카네기에게 이렇게 물었다.

"당신의 사장은 왜 백만 달러가 넘는 많은 돈으로 당신을 채용했다고 생각합니까?"

"사실 저는 강철에 대해 아는 것이 별로 없습니다. 다만 제가 할 수 있는 일은 한 가지뿐입니다. 바로 부하 직원을 격려해주는 것입니다. 부하 직원들이 최고의 능력을 발휘할 수 있게 하는 방법, 즉 진심이 담긴 칭찬과 격려를 아끼지 않고 해주는 것입니다."

 '10대 시절에 사귀는 친구는 평생 간다.'라는 말이 있다. 나는 이 말을 실감한다. 학창시절에 만난 친구는 순수한 감정으로 교제했기 때문에 경쟁의식이 없다. 하지만 사회에서 만난 사회 친구들은 순수한 마음이 결핍되어 있다. 그래서 어느 순간 마음 터놓고 지낼 수 없는 경우가 많다.

 10대 시절에 좋은 친구를 많이 사귀도록 노력하라. 지금 사귀는 친구들은 훗날 황금보다 더 가치 있는 보물이 될 것이다. 친구들을 많이 사귀기 위해선 다음을 기억하자.

 '적극적인 마음으로 친구의 좋은 점을 찾아 먼저 칭찬할 것.'

 누군가 나의 좋은 면을 봐주는 좋은 친구가 있다는 것 자체만으로도 큰 힘이 되고 격려가 될 것이다.

04 배려, 상대방을 끌어당기는 힘이다

　사람들에게 유독 관심과 사랑을 받는 사람이 있다. 이런 사람을 면밀히 관찰해보면 많은 장점 가운데 특히 배려심이 깊다는 것을 알 수 있다. 길을 가다가 누군가 무거운 수레를 끌고 가면 그냥 지나치지 않고 뒤에서 밀어준다. 버스나 지하철에서 앉아서 가다가 노약자가 타면 흔쾌히 자리를 양보한다. 누군가 어려움에 처했다면 못 본 체 하지 않고 자신의 일처럼 나서서 도와주려고 애쓴다. 이들은 어디서나 상대방의 입장에서 생각한다. 말과 행동을 할 때도 상대방의 마음에 상처 입지 않도록 신중하게 한다. 그래서 사람들과 언쟁을 벌이는 등 다투는 일이 없다.

　주위에 남을 배려할 줄 아는 사람들의 행동 하나하나에 향기가 난다. 그러니 사람들에게 관심과 사랑을 받게 마련이다.

　여러분 가운데 "배려한다고 해서 누가 알아주는 것도 아닌데 뭘." 하고 말하는 사람도 있을지 모른다. 그렇다. 누군가를 배려한다고 해서 당장 자신에게 어떤 이익이나 혜택이 돌아오는 것도 아니다. 그래서 대다수 사람은 자기 위주로 말하고 행동하는 것이다.

배려는 자신보다 먼저 남을 생각하는 마음이 없으면 귀찮게 느껴진다. 귀찮은 만큼 누군가를 배려하면 반드시 나에게 보이지 않는 이익과 혜택이 돌아온다. 단지 그 이익과 혜택이 눈으로 보이지 않거나 느낄 수 없을 뿐이다.

대학을 졸업한 청년이 있었다. 하루는 회사 입사 면접을 보기 위해 자동차를 운전하는데 회사 근처에서 타이어에 펑크가 나서 발을 동동 구르고 있는 중년 부인을 보게 되었다. 그는 잠시 고민에 빠졌다. 중년 부인을 도와주면 면접 시간에 지각할 게 뻔했고 그렇다고 어려움에 빠진 중년 부인을 모른 체 할 수는 없었다. 고민 끝에 그는 타이어를 교체해주었다. 하지만 그는 그만 면접 시간에 늦었다.

청년은 면접이 끝난 후 따로 면접을 보게 되었다. 어느덧 그의 이름을 부르는 소리가 들렸다. 그는 잔뜩 긴장한 채 면접장으로 들어갔다. 면접장에 들어간 그는 깜짝 놀라고 말았다. 놀랍게도 그 면접관이 바로 펑크 난 차의 주인이었던 것이다.

청년은 그날 면접에서 후한 점수를 받아 많은 경쟁자를 제치고 합격할 수 있었다.

성공하는 인생을 사는 사람들에게는 공통점이 있다. 마음의 여유가 있다는 것이다. 그들의 행동을 보면 늘 남을 배려하는 습관이 몸에 배어 있다는 것을 알 수 있다. 절대 자신을 먼저 생각하거나 서두르는 법이 없다.

한 가지 질문을 던져보겠다. 성공한 사람들이 성공할 수 있었던 것은 자신의 능력이 비범하게 뛰어나서일까? 물론 그럴 수도 있다. 하지만 그것이 정답이라고 할 수 없다. 세상에는 뛰어난 사람들이 헤아릴 수 없이 많기 때문이다.

지인 가운데 중소기업을 경영하는 K사장이 있다. 그는 사업차 자주 해외로 여행을 다니는데 얼마 전 미국에서 인상 깊었던 경험을 들려주셨다.

그는 뉴욕에서 급히 공항으로 가기 위해 택시를 잡았다. 그 택시는 깨끗하게 세차가 되었다는 것을 빼고는 뉴욕의 여느 택시와 그리 다를 것이 없었다. 그런데 그가 택시 안으로 들어가 앉자, 운전기사가 다음과 같은 글이 적힌 종이 한 장을 내밀었다.

"안녕하세요? 저는 당신의 운전기사 해리슨입니다. 당신을 목적지까지 편안하고 안전하게 제시간에 모셔드리겠습니다. 좀 더 즐거운 여행을 위해 좋은 아이디어가 있으면 말씀해주십시오. 기꺼이 도와드리겠습니다."

지금껏 수없이 택시를 타 본 그였지만 한 번도 그런 안내문을 건네받은 적이 없었기에 깜짝 놀라고 말았다. 어리둥절해 있는 그때 해리슨은 정중하게 그를 돌아보며 두 종류의 일간신문을 내밀었다.

"오늘 나온 〈뉴욕타임스〉를 보시겠습니까? 아니면 〈뉴욕포스트〉를 보시겠습니까?"

"얼마입니까?"

"아닙니다. 그냥 무료입니다."

약간 미심쩍은 표정으로 물었던 그는 해리슨의 밝은 표정을 보고는 안심했다. 그리고 택시의 내부를 좀 더 자세히 관찰하기 시작했다. 택시 안에는 얼룩 한 점도 없었고 담배 냄새와 같은 찌든 냄새도 나지 않았다. 오히려 상쾌한 공기청정제의 향이 기분을 즐겁게 했다. 택시기사인 해리슨 자신도 단정하게 정장차림을 하고 있었다. 시간이 흐르자 그는 점점 더 해리슨에게 매료되었다.

"선생님, 혹 무료하시다면 라디오를 틀어 드릴까요? 대중음악과 락, 고전 중에서 어떤 것을 좋아하십니까?"

해리슨의 감동 어린 친절에 그는 가벼운 충격마저 느꼈다. 택시에 앉아 별 다섯 개짜리 호텔 못지않은 서비스를 받고 있었기 때문이다.

"선생님, 가벼운 스낵을 좀 준비했는데 드셔보시겠습니까?"

그는 사과와 오렌지, 바나나 등 다양한 과일과 비스킷, 저지방 치즈 등이 가득 담겨 있는 예쁜 과일바구니를 들어보였다. 그는 해리슨의 친절한 서비스에 공항까지 가는 40분 내내 즐거웠다고 한다. 그는 공항에 도착한 후 해리슨에게 기쁜 마음으로 상당한 팁을 건네주었다.

그동안 택시 기사에게 팁을 준 적이 없었지만 그날의 팁은 전혀 아깝지 않았다고 한다.

연일 고객들로 붐비는 음식점에 가보면 성공 비결을 알 수 있다. '돈'보다 '사람'을 먼저 생각한다는 것이다. 물론 음식 맛도 단연 뛰어나지만 그보다 고객을 위한 서비스가 만점이다. 특히 잘되는 음식점의 직원들은 경쟁음식점과는 비교도 안 되는 서비스 정신으로 무장되어 있다. 그래서 고객들이 그 음식점에 가면 불평불만을 터뜨릴 일이 없다. 처음 찾은 고객들에게 한 번 가면 다시 찾고 싶은 음식점으로 각인되게 된다.

자석이 쇠를 끌어당기듯이 배려 역시 사람의 마음을 끌어당긴다. 중요한 것은, 자석은 쇠를 끌어당기는데 끝나지만, 배려는 사람의 마음과 함께 다양한 성공 씨앗, 즉 기회와 행운을 끌어당긴다는 것이다. 꿈을 이루고 성공하는 인생을 살고 싶다면 남을 배려하는 마음을 키워야 한다. 결코 배려하는 마음 없이 성공할 수 없다. 배려심이 없는 사람이 성공하기란, 낙타가 바늘구멍으로 들어가는 것보다 더 어렵다는 것을 기억해야 한다.

초창기 미국 온라인 시장을 이끈 인터넷 서비스 회사였던 AOL의 사장을 지낸 봅 피트만은 이렇게 말했다.

"어떤 직업이든 사람이 무엇인가 큰 것을 이루고 나면 자만심에 빠지게 마련이다. 이것이 바로 독약이다. 이런 자만심은 다른 사람들의 감정을 상하게 만들며, 결국 그들의 견제를 받기 마련이다. 이 자만심이야말로 우리의 능력을 반감시키는 해악이 되는 것이다."

그렇다. 자만심은 모난 돌과 같다. 다른 사람에게 정을 맞게 한다. 자만심을 가진 사람들 가운데 실패하는 사람이 많은 이유가 여기에 있다. 따라서 성공하는 인생뿐 아니라 친구 등 타인들과 조화로운 관계를 원한다면 배려심을 가져야 한다. 성공하는 인생, 조화로운 관계의 씨앗은 배려라는 화분에서 싹을 틔우기 때문이다.

지방의 한 호텔에서 CEO들을 대상으로 한 강연이 있었다. 강연이 끝나고 의류사업을 하는 젊은 사장과 이야기를 나눌 기회가 있었다. 그에게 젊은 나이에 성공한 비결을 물었더니 다음과 같은 답이 돌아왔다.

"균형을 유지하는 것이 매우 중요해요. 그동안 저는 사람들이 너무나 한군데만 집중하고 다른 것들은 돌아보지 않아 상처를 받거나 관계에 금이 가는 일을 많이 봐왔습니다. 만약 경력관리에서 성공하고, 결혼에서 성공하고, 인간관계에서 성공하기를 원한다면 균형 잡힌 삶을 살도록 노력해야만 합니다. 어느 한쪽에 치우쳐 균형을 잃게 되면 결과적으로 다른 한쪽에서 불행을 자초하게 되기 때문입니다. 제가 지금처럼 어느 정도 위치에 오르게 된 것은 모든 부분에서 균형을 잘 이루었기 때문이 아닌가 생각해봅니다."

나는 그의 이야기에 전적으로 공감한다. 대부분의 사람은 모든 부분에서 균형을 잡기보다 어느 한쪽에 치우쳐 균형을 잃은 삶을 살고 있다. 지독하게 자기계발을 한 탓에 동료들이나 친구들과의 관계에 금이 가거나 인간관계에 집중한 나머지 가정생활에 위태로운 사람들이 있다. 하나에 집중하면 다른 하나에서 불행의 씨앗이 자라게 된다.

여러분은 아직 모든 것이 불투명한 시기를 보내고 있다. 불투명하다는 것은 마음먹기만 하면 뭐든 될 수 있고 이룰 수 있다는 뜻이다. 즉 그만큼 중요한 시기이므로 모든 면에서 균형을 유지하는 법을 배워야 한다.

그동안 살아오면서 절실히 깨달은 것이 있는데 '평생 친구는 10대에 결정된다.'라는 것이다. 요즘 학생들은 지나친 경쟁에 빠져 있다고 하지만 어른들의 세계에 비할 바가 못 된다. 그래도 친구들과 함께 농구 코트를 가르고 자신이 꿈과 목표를 공유할 수 있는 넉넉한 마음이 있지 않은가. 아무리 경쟁의식이 팽배해 있더라도 10대들의 가슴속에는 순수한 마음이 채워져 있다. 그래서 10대 시절에 만난 친구가 평생 친구가 되는 것이다.

우정을 이야기할 때 나오는 대표 예화가 있다. 사형수가 사또에게 마지막으로 어머니를 뵙고 싶다는 청원을 했다. 그때 그의 친구가 자신이 대신 감옥에 들어가 있겠다며 친구에게 어머니를 뵙고 올 기회를 달라고 간곡히 부탁했다.

친구를 대신해 감옥에 들어간 친구는 만약에 친구가 제시간에 돌아오지 못하면 대신 사형을 당해도 좋다는 약속을 했다. 친구는 어머니를 만나러 갔지만 약속한 시간이 거의 다 되어도 돌아오지 않았다.

사또는 사람을 시켜 친구를 끌어내어 형틀에 묶고는 말했다.

"넌 친구를 대신하여 죽겠다고 약속을 했다. 그런데 이렇게 약속 시간이 되어도 네 친구는 돌아오지 않고 있다. 약속대로 사형을 당해도 억울하지 않겠지?"

"네, 하지만 그 친구는 반드시 돌아올 것입니다. 다만 지금까지 못 돌아오는 것은 무슨 피치 못할 사정이 있을 것입니다. 조금 늦더라도 그 친구는 반드시 돌아올 것입니다."

친구는 조금도 두려워하는 내색 없이 그를 대신하여 죽을 수 있다고 대답했다. 이윽고 약속한 시간이 다 되었다. 사또가 다시 말했다.

"봐라. 이젠 더 기다릴 필요가 없다. 저 사람은 친구를 위해 아까운 목숨을 걸었지만, 그 친구는 약속을 어기고 친구를 배반한 것이 틀림이 없다. 이제 사형을 집행하여라."

사또의 명령이 떨어지고 망나니가 시퍼런 칼을 들고 저승사자의 춤을 추기 시작했다. 그때 저쪽에서 한 사람이 고래고래 소리를 지르며 달려왔다.

"잠시 멈추시오. 내가 돌아 왔으니 그 친구를 놓아주시오."

그러나 그는 너무 지친 나머지 사또 앞에서 혼절을 하고 말았다. 잠시 후 깨어난 그 친구가 사정을 말했다.

"어머니께 갔다가 돌아오는 길에 홍수가 나서 다리가 끊기고 물을 건널 수가 없어서 몇백 리 길을 돌아오느라고 이렇게 늦게 되었습니다. 그래도 이렇게 저 친구의 목숨을 구할 수 있어 다행입니다. 이제 저 친구를 풀어주시고 저를 죽여주십시오."

사또는 이 두 친구의 우정을 가상히 여겨 두 사람을 모두 풀어주었다.

"앞으로 두 사람은 친형제보다 더 아름다운 우정으로 이 세상을 바르게 잘 살기 바란다."

두 친구는 어려서부터 함께 자랐기 때문에 남다른 우정을 나눌 수 있었다. 속세에 눈뜨지 않은 시기에 그들이 나눈 우정은 훗날 권력 다툼의 자리에서도 변치 않는다. 우리는 관중과 포숙아의 아름다운 우정을 엿보며 10대 시절에 나눈 우정이 평생을 간다는 진리를 다시금 곱씹어볼 수 있다.

두 남자의 평생 우정을 그린 밥 그린의『친구에게 가는 길』이라는 책이 있다. 그 책을 읽으며 '친구 사이의 우정을 이보다 더 진솔하게 그린 책이 또 있을까?' 하는 생각이 들었다. 친구는 다른 사람들 가운데 유일하게 늘 내 옆에 있을 것만 같은 유일한 대상이다. 뿐만 아니라 함께 사는 가족도 모르는 내 속살을 아는 존재라고 할 수 있다. 언제 세상을 떠날지 모르는 잭 주변을 지키며 끝없이 이야기를 기억해내는가 하면 또 새로운 이야기를 지어내 언제까지나 잭을 영원히 숨 쉬게 하려는 노력이 가슴을 찡하게 하고 우정이 무엇인지 깨닫게 한다.

책에 다음과 같은 문장이 있다.

"내게 아무리 소중하다 해도 당신은 내 친구 잭을 모른다. 하지만 이 책을 읽는 당신의 삶에도 잭과 비슷한 존재가 있을 것이다. 그가 있어 이 땅에서 보낸 시간이 의미 있는 존재 말이다."

사람은 누구나 그 무엇과도 바꿀 수 없는 보물 같은 친구가 있다. 하지만 종종 친구라는 보물의 가치에 대해 잊고 산다. 항상 내 곁에 있을 줄 알기 때문에 소홀해지는 것이다. 이에 스페인 철학가 발타사르 라시안은 "현명한 친구는 보물처럼 다루어라. 인생에서 만나는 많은 사람들의 호의보다 한 사람의 친구에게 받는 이해심이 더욱 유익하다."라고 말했다. 그렇다. 있을 때 잘해야 한다. 보물을 잊은 후 후회해봐야 떠난 버스를 보며 손 흔드는 것과 같다.

세상에서 가장 소중한 선물인 '친구'와의 우정은 간밤에 만리장성을 쌓듯이 쌓을 수 없다. 초대 미국 대통령 조지 워싱턴이 "진실한 우정이란 느리게 자라는 나무와 같다."라고 말했듯이 오랫동안 동고동락하며 지냈던 가운데 피어나는 것이 우정이다.

춘추전국시대 때 백아는 거문고를 잘 뜯었고, 종자기는 백아의 연주를 듣는 것을 좋아했다. 백아가 높은 산에 오르는 느낌으로 연주를 하고 있으면 종자기가 말했다.

"훌륭해. 높이 솟은 것이 태산과 같구나!"

또 흐르는 물을 생각하며 연주하면 이렇게 말했다.

"출렁출렁하는 것이 마치 장강이나 황하와 같구나."

종자기는 백아가 생각하고 있는 것을 언제나 헤아렸던 것이다.

어느 날 백아와 종자기가 산에 놀러갔을 때 갑자기 소나기를 만나

바위 아래서 비를 피하게 되었다. 백아는 슬픈 마음에 거문고를 연주하기 시작했다. 처음에는 거세게 내리는 장맛비의 곡조를 탔다가 다시 산이 무너지는 가락을 연주했다. 거문고를 뜯을 때마다 종자기는 바로 그의 뜻을 알아차렸다. 그러자 백아는 감격한 어조로 말했다.

"자네가 나의 마음을 알아주니, 마치 내 마음과 같구나. 나의 음악 소리를 알아주는 이가 세상에 또 있을까?"

그러던 어느 날 종자기가 병으로 세상을 떠났다. 크게 실망한 백아는 종자기처럼 자신의 음악을 들어줄 사람이 없으니 거문고를 연주할 필요가 없다고 생각했다. 그는 곧장 거문고의 줄을 끊어버리고 다시는 연주하지 않았다.

사람들은 굳이 말하지 않아도 알아듣고 나를 모두 이해하는 관계를 이야기할 때 백아와 종자기를 예로 든다. 굳이 내색하지 않아도 얼굴 표정만 보고 내가 어떤 기분인지 헤아리는 친구가 있다는 것은 참으로 행복한 일이다.

그러나 행복을 누리고 있는 사람은 그다지 많지 않다. "무엇이든지 남에게 대접을 받고자 하는 대로 너희도 남을 대접하라."는 말처럼 자신이 먼저 대접하지 않기 때문이다. 대부분 사람들은 상대방에게 받을 것만 계산하지, 자신이 줄 것에 대해서는 인색한 편이다. 그러다 보니 사랑과 우정이 꽃피기보다 자꾸만 관계가 꼬이게 된다.

진정한 친구는 막역지우(莫逆之友), 즉 '아무런 허물없이 친한 친구'라고 했다. 막역지우는 하나를 주어서 나중에 두 개를 받을 계산을 하기보다 더 많은 것을 주지 못해 안타까워하는 마음을 가지고 있다. 그래서 나보다 친구가 더 잘되었을 때도 진심으로 기뻐해줄 줄 안다.

'나에게도 막역지우가 있었으면….' 하고 바라는 사람이 있을 것이다. 그렇다면 다음 일화에 나오는 친구처럼 허물없이 행동해보라. 친구는 여러분이 어떻게 대접하느냐에 달렸기 때문이다.

어느 날 돈 많은 은행가가 길에서 우연히 어렸을 때 함께 자란 친구를 만났다. 두 사람은 반가운 마음에 근처 찻집에서 그동안 하지 못했던 이야기를 나누었다.

은행가가 친구에게 물었다.

"자네 모습을 보니 형편이 썩 좋아 보이지는 않는군."

친구가 대답했다.

"세상이 어떻게 되려는지 갈수록 형편이 나아지기는커녕 점점 더 힘들다네."

은행가가 흰 봉투를 꺼내며 말했다.

"큰돈은 아니니 부담 갖지 말고 보태 쓰게. 우린 친구 아닌가. 자네에게 도움이 되었으면 좋겠네."

친구의 두 눈에선 은행가의 따뜻한 배려에 뜨거운 눈물이 흘렀다. 친구는 돈을 고맙게 받아들며 마음속으로 꼭 성공하리라고 다짐했다.

어느덧 3년이라는 세월이 흘렀다. 우연히 두 사람은 시내 한복판에서 다시 만나게 되었다. 그런데 그 친구는 여전히 힘없는 모습을 하고 있었다.

은행가 친구가 말했다.

"가난이 아직 자네 곁을 떠나지 않은 것 같군. 많이 힘들 텐데 내가 100만 원을 줄 테니 형편에 보태 쓰게나."

친구는 예전처럼 거듭 고맙다는 말을 했다.

그리고 다시 1년이라는 시간이 흘렀다.

은행가는 예전보다 더욱 초라하고 볼품없는 모습을 한 친구와 마주쳤다. 친구의 옷은 군데군데 기웠고 오랫동안 세탁을 하지 않았는지 얼룩이 져 있었다.

은행가가 알 수 없다는 표정을 지으며 친구에게 말했다.

"자네 인생이 힘들고 고달파도 용기를 잃지 않아야 한다네. 밤이 지나고 나면 눈부신 아침이 오듯이 꼭 자네에게도 좋은 일이 생길 거야. 자, 마침 여기 50만 원이 있는데 가져가서 어려운 형편에 보태 쓰게."

"아닐세. 그동안 자네에게 여러 번 신세를 졌는데 또다시 그럴 수 없다네."

친구는 거듭 신세만 졌던 터라 이번에는 받지 않으려고 사양했다. 하지만 은행가가 옷 주머니에 찔러주는 바람에 받지 않을 수 없었다. 그는 돈을 받으면서 이번에는 반드시 꼭 힘든 시련을 딛고 일어서야지 하고 다짐했다.

어느 덧 5년이라는 세월이 흘렀다. 은행가가 고객을 만나러 가다가 우연히 친구와 마주쳤다. 그 순간 은행가는 깜짝 놀라고 말았다. 그 친구는 몇 년 전에 마주쳤을 때와 전혀 다른 사람의 모습을 하고 있었기 때문이었다.

은행가가 친구에게 물었다.

"자네 정말 몰라보게 달라졌군. 대체 어떻게 된 건가?"

친구는 빙그레 웃으며 말했다.

"모두 자네 덕분일세."

은행가는 영문을 몰라 휘둥그레진 눈으로 다시 물었다.

"무슨 말하는지 통 모르겠네. 자세하게 좀 말해보게."

친구는 은행가의 손을 꼭 잡으며 말했다.

"그땐 정말 힘들었네. 하루에 밥 한 끼도 먹기 힘들어 쩔쩔맸다네. 집에서 굶고 있는 아이들이 떠올라 하루에도 몇 번씩 죽고 싶다는 생각이 들었다네. 하지만 자네가 나에게 베푼 고마움 때문에 나는 다시 용기를 가질 수 있었고 이렇게 다시 일어설 수 있었다네. 자네는 내가 평생 은혜를 갚아야 할 고마운 사람이야."

친구는 세상 그 어떤 것보다도 소중하다. 이 말에 많은 사람들이 수긍한다. 하지만 막상 친구가 어려움에 처했을 때 자신이 가진 것을 선뜻 내줄 수 있을까? 그런 사람은 그다지 많지 않을 것이다. 막상 내가 가진 것을 내어주어야 한다고 생각하니 친구가 덜 중요하게 여겨지기 때문이다. 하지만 이런 얄팍한 생각을 가진 사람에게 진정한 친구가 있을 리 없다.

세상을 살아가는 데 필요한 것이 참 많다. 하지만 가장 필요한 것은 '사람'이다. 그중에서도 '친구'이다. 때로 기쁜 일, 궂은일을 겪을 때 친구는 나와 함께 웃고 울어준다. 이런 친구와 함께 세상을 살아간다면 그 어떤 일도 두렵지 않다. 오히려 세상은 흥미진진하게 느껴진다.

성공하는 인생을 살고자 한다면 막역지우 같은 친구들을 많이 사귀어야 한다. 그러기 위해선 내가 가진 것을 친구에게 선뜻 내줄 수 있는 넉넉한 사람이 되어야 한다.

이재명 경기지사, 송철호 울산시장, 이상헌 국회의원, 장휘국 광주 교육감, 김영주 고용노동부장관, 김정열 국토부 2차관, 조재연 대법 관…. 이들을 배출한 한국방송통신대학교(이하 '방송대')의 류수노 총장 은 원래 중졸이었다.

그는 충남 논산에서 농사를 짓는 집안에서 태어났다. 10남매 중 여 덟째. 아들로는 다섯째다. 아버지는 아들 중 하나는 가업을 이어야 한 다고 생각했고, 선택된 것이 바로 류 총장이었다. 중학교만 졸업하고 가업을 잇기로 했다. 군대에 가기 전까지는 그것이 천직인 줄 알고 순 종했다.

그러나 입대 후 다양한 청년들과 교류하며 공부를 해야겠다고 결심 했다. 제대 후에 낮에는 아버지의 뜻에 따라 농사일을 하고, 밤에는 아 버지 몰래 공부를 했다. 고졸 검정고시를 봤다. 그때서야 확신이 섰 다. 방송대에서 농학을 공부하기로 했다.

그는 졸업 후에 공부에 매진해 9, 7급 공무원 시험에 합격했지만, 공 무원 생활을 하면서도 농학을 꾸준히 공부해 석사, 박사학위를 땄다. 1999년에는 방송대 농학과 교수로 임용되었다. 그러나 2014년 총장에 도전해 취임을 앞두고 교육부에서 제청을 거부했다는 공문을 받았다. 그러나 40개월이 지난 후 결국 방송대 총장에 취임할 수 있었다.

"지금이라도 이유는 알고 싶습니다. 내가 키가 작아서, 아니면 명문대가 아닌 방송대 출신이라서 거부했는지, 당시 교육부는 물론 어디에서도 거부 이유를 말해주지 않았어요. (중략) 동문과 재학생의 기대를 확인한 만큼 제 임기인 2022년까지 혼신을 다해 대학을 키울 생각입니다."

마지막으로 그의 당부를 들어보자.

"모두에게 기회가 골고루 주어지는 평등한 사회로 바꿔 나가는 것 못지않게 젊은이들 스스로 각자가 자기 인생을 최선을 다해 사는 게 중요합니다. 중졸의 흙수저로 출발해 오늘 대학 총장이 된 저를 보면서 희망의 계기를 만들어보기를 바랍니다."

참고 문헌
_____

• "[나의삶, 나의길] '중졸 출신'으로 대학 총장 올라… '흙수저의 인간승리'" 〈세계일보〉 2018.08.03

6장

성공을 끌어당기는
습관의 힘

01 사람은 자신이 생각하는 대로 된다

'사람은 자신이 생각하는 대로 된다.' 생각이라는 에너지가 행동 에 너지로 바뀌고 그에 맞는 결과를 내놓게 된다. 긍정적인 생각을 가지면 적극적이고 진취적인 행동으로 원하는 결과를 얻게 된다. 만일 부정적인 생각을 하게 되면? 당연히 부정적인 행동을 하게 되어 실패하거나 포기하게 된다.

빌 게이츠의 재산은 953억 달러에 달한다고 한다. 이는 제프 베이조스 아마존 회장에 이어 세계에서 두 번째로 많다. 우리나라 돈으로 약 106조 원이다. 하지만 그의 재산은 지금 이 시간에도 계속 불어나고 있다. 복리 이자에 의해 아예 정확한 측정이 불가능할 정도이다.

빌 게이츠는 젊은 시절부터 억만장자가 될 사람이었다. 그는 그 당시부터 억만장자의 마인드를 가지고 있었기 때문이다. 그가 마이크로소프트사를 창업하고 얼마 안 된 초창기에는 아침 일찍 출근하던 직원들은 종종 사무실 구석에 담요 한 장으로 새우잠을 자고 있는 빌 게이츠 사장을 발견하곤 했다. 빌 게이츠 혼자 밤샘 작업을 하다가 깜빡 잠이 든 것이다.

그는 놀란 직원들에게 이렇게 말했다.

"매일 아침 눈을 뜰 때마다 오늘 내가 하는 일과 개발하게 될 기술이 인류의 삶을 변화시킨다는 생각을 하면, 더없이 흥분되고 에너지가 넘친다."

빌 게이츠는 컴퓨터가 상용화되지 않았던 시절 '모든 가정의 책상 위에 개인용 컴퓨터를 올려놓겠다!'라는 꿈을 꾸었고, 결국 그 꿈을 이루었습니다. 자신의 생각대로 된 것이다.

미국에서 학습효과를 측정하기 재미있는 실험을 진행했다. 두 사람이 함께 자동차를 타고 낯선 도시를 여행하게 했다. 한 사람은 운전을 하고, 다른 한 사람은 조수석에 앉았다. 여행을 마친 후 두 사람에게 각자 여행했던 도시에 관해 질문을 하자, 운전자와 조수석에 앉은 사람 사이에 4.7배라는 정보의 차이가 났다. 운전자를 주도적인 인생을 사는 사람으로, 조수석에 앉은 사람을 수동적인 인생을 사는 사람으로 비유할 수 있다. 전자는 핸들을 쥐고 있기 때문에 자신이 원하는 곳으로 갈 수 있다. 하지만 후자는 운전자가 가는 대로 끌려갈 수밖에 없다. 행복한 인생, 성공하는 인생을 살고 싶다면 자신의 생각대로 인생의 핸들을 조작하는 사람이 되어야 한다. 생각하는 대로 인생의 핸들을 조작하기 때문이다.

사람은 자신이 생각하는 대로 된다, 꿈꾸는 대로 된다. 이 말은 내가 10대에게 즐겨하는 말이기도 하다. 생각의 차이가 단지 생각의 차이로 끝나지 않고 인생이 하늘과 땅 차이로 벌어지기 때문이다. 그렇다면 어떤 생각으로 인생을 살아야 하는 걸까? 조지아 주립대학교 교수인 데이비드 슈워츠는 저서 『크게 생각할수록 크게 이룬다』에서 이렇게 말한다.

"믿음은 우리가 인생에서 성취하는 것을 통제하는 일종의 조절장치이다. 그저 평범하게 되는 대로 살아가는 친구를 관찰해보라. 그는 자신을 두고 시시한 인간이라고 믿기 때문에 인생에서 받는 것도 그만큼 적다. 자신이 큰일을 성취할 수 없다고 믿기 때문에 실제로 큰일을 성취하지 못한다. 스스로 중요하지 않은 사람이라고 믿기 때문에 모든 행동에서 별다른 주목을 받지 못한다. 그리고 시간이 지날수록 말하고 걷고 행동하는 모든 방식에서 자신감이 결여된 모습이 역력히 드러난다.

아마도 그가 믿음의 통제장치를 재조정하지 않는 한, 그의 그러한 이미지는 더욱더 움츠려들고 작아질 것이다. 그리하여 자기 자신은 물론이고 주변 사람들 역시 그를 보고 평가절하할 것이다.

반대로 발전적인 방식으로 살아가는 사람을 관찰해보라. 그는 자신이 많은 가치를 지녔다고 믿기 때문에 인생에서 많은 것을 받아낸다.

스스로 크고 어려운 일을 할 수 있다고 믿기 때문에 실제로 그렇게 된다. 그리고 그의 행동, 대인관계, 성격, 생각, 관점 등 모든 것이 '이 사람은 프로다. 그는 아주 중요한 사람이다.'라고 말하고 있다.

사람은 자신이 생각하는 대로 된다. 크게 생각하고 그것을 믿어라. 믿음이라는 조절장치를 전진에 맞춰 놓아라. 성공할 수 있다는 진실한 마음으로 당신의 '성공호'를 발진시켜라. 크게 믿고 크게 성장하라!"

데이비드 슈워츠는 스스로를 '위대한 인간'이라고 여겨야 한다고 말한다. 어떤 일을 하든, 어디에 가든 늘 결연한 생각으로 당당하게 행동하라는 것이다. 자신이 마음먹은 대로 결과가 나타나기 때문이다.

여러분은 이런 경험을 한 적이 있을 것이다. 시험 치는 날, 자신의 실력이 못미더운 나머지 잔뜩 주눅이 든 채 시험지를 읽어 내려가면 아는 문제보다 온통 모르는 문제가 더 많다. 하지만 스스로를 믿고 시험에 임한다면 운 좋게도 거의 아는 문제들이다. 이는 자신감의 결과라고 할 수 있다. 긴장, 걱정을 하거나 불안해지면 뇌 세포에 혈액공급이 제대로 이루어지지 않아 제 능력을 발휘하지 못한다. 그래서 선생님들은 항상 긴장을 풀고 편안한 마음가짐으로 문제를 풀어나가라고 조언하는 것이다.

세상에는 승승장구하는 기업도 있고 아래로 곤두박질치는 기업도 있다. 어쨌거나 잘 나가는 기업에는 다 이유가 있다. 미국의 최고 백화점 중의 하나인 노드스트롬 백화점은 고객에게 절대 "No."라고 하지 않는 것으로 유명하다. 이 백화점에 있었던 다음 두 가지 일화를 살펴보며 성공 요인이 무엇인지 찾아보자.

어느 날 중년의 아주머니가 옷 한 벌을 사곤 비행기를 타러 공항으로 갔다. 그런데 공항에 가보니 비행기 티켓이 없었다. 서두르다가 그만 티켓을 노드스트롬 백화점 의류 매장에 두고 온 것이다. 발을 동동 구르고 있는데 누군가 다가와서 아주머니에게 티켓을 건넸다. 그 사람은 바로 의류 매장의 여사원이었다. 그녀는 고객이 놓고 간 비행기 티켓을 들고 부랴부랴 공항까지 달려온 것이었다. 티켓을 잃어버려 발을 동동 구르고 있던 아주머니가 얼마나 기뻤을까?

추운 겨울에 노숙자로 보이는 한 여인이 노드스트롬에 누더기를 걸치고 들어왔다. 백화점 안에는 은은한 향기와 감미로운 피아노 선율이 흐르고 있었다. 여인은 유유히 1층을 돌아보고 2층으로 올라갔다. 그 누구도 남루한 여인을 제지하지 않았다. 2층에 있는 드레스 매장에 들른 여인은 마음에 드는 드레스를 입어보고 잠시 보관해달라고 부탁했다. 물론 값은 치르지 않았다. 그 여인은 판매 사원에게 두세 시간 후에 돌아온다고 말하고는 매장을 떠났다. 판매사원은 그 옷을 별도로 보관했다.

누군가 판매 사원에게 사러 오지 않을지도 모르는 옷을 별도로 보관한 이유를 물었다. 그러자 그녀는 이렇게 말했다.

"저의 임무는 찾아주시는 손님을 친절하게 맞는 것이지, 그분이 어떤 신분의 사람인지를 판단하는 것이 아닙니다."

판매 사원들의 고객을 대하는 생각이 대단하지 않은가? 그들의 말과 행동을 통해 자신의 일을 얼마나 사랑하는지 알 수 있다. 이것이 바로 노드스트롬 백화점의 성공 요인이다.

여러분은 지금 각자 인생의 핸들을 조작하고 있다. 자신의 생각에 인생이 달려 있다는 것을 잊지 말자. 여러분이 생각하는 대로 인생이라는 자동차를 제대로 운전해보자.

02 좋은 습관이 나를 성공으로 이끈다

'나'는 당신을 일으킬 수도 있고, 쓰러뜨릴 수도 있다.

'나'는 당신을 위해 일할 수도 있고, 당신의 일을 방해할 수도 있다.

'나'는 당신을 성공하게 만들 수도, 실패하게 만들 수도 있다.

또한 '나'는 당신을 비참하게도, 낙담하게도, 우울하게도 만들 수 있다.

'나'는 당신을 옭아매는 무겁고 부담스러운 족쇄가 될 수도 있다.

'나'는 당신의 행동을 다른 사람의 눈에 훌륭하고 아름다운 것으로 보이도록 가꿀 수도 있다.

'나'는 결코 사라지지 않는다. 다만 다른 것으로 대체될 뿐이다.

'나'는 누구일까?

바로 '습관'이다. 우리는 습관 속에서 살아가고 있다. 아침에 일어나면 세수하고 식사하고 옷 입고 등교하고 출근하는 모든 과정이 습관

속에서 이루어진다. 우리가 매일 수없이 반복하는 많은 습관 중에는 나를 성공으로 이끄는 좋은 습관도 있고 실패로 이끄는 나쁜 습관도 있다.

누군가가 성공했다면 그는 분명 좋은 습관을 지니고 있는 사람이다. 좋은 습관은 '성공'이라는 멋진 그림을 맞춰나가는 퍼즐 조각과 같다. 그런데 사람들 가운데 나쁜 습관을 가지고 있는 사람도 있다. 만일 그가 성공을 꿈꾼다면 언젠가 성공의 발목을 잡는 족쇄가 되고 말 것이다. 절대 나쁜 습관으로는 성공하는 인생을 살 수 없다.

좋은 습관을 자주 반복하면 새로운 습관으로 몸에 배게 된다. 따라서 나쁜 습관을 고치고 싶다면 대체할 좋은 습관을 자주 반복하는 것밖에 도리가 없다. 물은 물로밖에 대체할 수 없듯이 습관 역시 습관으로밖에 대체가 안 되기 때문이다.

노예 철학자로 유명한 에픽테토스도 좋은 습관을 몸에 익히고자 하면 계속 되풀이라고 말한다.

"습관은 노력에 의해 굳어진다. 잘 걷는 습관을 기르기 위해서는 많이 걸어야 한다. 잘 달리기 위해서는 많이 달려야 한다. 잘 읽게 되려면 많이 읽어야 한다. 지금까지 습관적으로 하고 있던 일을 중단하려면 그 습관을 차츰차츰 쇠퇴시켜야 한다. 만약 열흘 이상 잠만 잔 사람이 걷기 시작하면 발이 매우 약해졌음을 알게 될 것이다. 그러므로 그대가 어떠한 습관을 얻고자 한다면 그것을 많이, 그리고 자주 되풀이하면 된다."

우리가 성공하는 인생을 사느냐, 실패하는 인생을 사느냐는 습관에 달려 있다. 우리는 습관의 쳇바퀴를 돌리는 다람쥐와 비슷하기 때문이다. 한 가지 습관을 바꾸려면 에픽테토스의 말처럼 관의 쳇바퀴로 옮겨가서 그 쳇바퀴를 열심히 돌리면 된다. 결국 삶의 질을 높이거나 변화시키는 유일한 방법은 습관을 바꾸는 것밖에 없다.

예를 들어 누군가 10대 시절부터 인사성이 결여되어 있다고 가정해 보자. 그는 평소 선생님은 물론, 친구, 주변 사람들을 만나면 인사는 커녕 멀뚱멀뚱 쳐다볼 것이다. 마지못해 인사를 하더라도 목만 까딱하는 무성의한 인사 정도일 것이다. '안에서 새는 바가지 밖에서도 샌다.'는 말처럼 훗날 직장인이 되어서도 인사성은 부족하게 마련이다. 이런 부하 직원을 예뻐해주고 챙겨줄 상사는 아무도 없다.

사람들 중에 우유부단한 사람이 있다. 이들의 공통점은 어떤 단순한 선택을 놓고 쉽게 결정을 내리지 못한다는 것이다. 결국 시간만 흐르고 기회는 다른 사람에게 빼앗기고 만다. 자신이 결정을 내리지 못하면 다른 누군가의 결정을 따를 수밖에 없다.

여러분 가운데 우유부단한 사람이 있다면 다음 일화에서 개선할 점을 찾아보자. 다음은 미국 제40대 대통령을 지낸 로널드 레이건의 어렸을 때 일화이다.

어느 날 레이건에게 숙모가 새 구두를 선물하겠다고 말했다. 레이건은 들뜬 마음으로 숙모를 따라 동네 구두점으로 갔다.

구두 수선공은 레이건의 발 치수를 쟀다. 그리고 잠시 후 이렇게 묻는 것이었다.

"얘야, 구두 끝을 둥글게 해줄까, 아니면 뾰족하게 해줄까?"
"……."

하지만 레이건은 선뜻 결정을 내리지 못했다. '어떤 모양이 더 멋있을까?' 생각하며 망설였다. 그런 그에게 수선공은 웃으며 말했다.

"얘야, 지금 급하게 결정할 필요는 없단다. 잘 생각해보고 다시 오너라."

며칠 뒤 레이건은 길에서 우연히 구두 수선공을 만났다. 구두 수선공은 친절한 표정을 지으며 물었다.

"이제 구두 모양을 어떻게 할지 결정했니?"

레이건은 아직도 결정을 내리지 못하고 있었다. 레이건은 구두 수선공에게 이렇게 대답했다.

"저, 아저씨. 구두 모양이 모두 멋질 것 같아 어떤 것으로 결정해야 할지 잘 모르겠어요."

그러자 수선공이 말했다.

"그래? 그렇다면 일주일쯤 뒤에 가게로 오도록 해. 아저씨가 알아서 만들어놓을 테니."

구두 수선공의 말에 레이건은 차라리 잘됐다고 생각했다. 구두 수선공이 알아서 멋진 구두를 만들 거라는 생각이 들었기 때문이다.

며칠 뒤 레이건은 구두를 찾으러 구두점으로 갔다. 하지만 레이건은 수선공이 만들어놓은 구두를 보고 깜짝 놀라고 말았다. 왜냐하면 구두의 한 짝은 둥근 모양이었고, 다른 한 짝은 뾰족하게 만들어진 짝짝이 구두였던 것이었다.

레이건은 당황한 나머지 발갛게 상기된 얼굴로 서 있었다. 그러자 구두 수선공이 레이건에게 말했다.

"얘야, 너는 이 일을 통해서 네 일을 다른 사람이 대신해서 결정 내릴 수 없다는 것을 배웠을 거야. 이처럼 스스로 내리는 결정은 무척 중요한 법이란다."

며칠 뒤 수선공은 다시 구두를 만들어주었다. 하지만 어린 레이건은 그 일을 항상 가슴이 깊이 새겨두었다.

이후 그는 종종 사람들에게 그때 이야기를 들려주며 이런 말을 잊지 않았다.

"저는 바로 그때 그 구두점에서 큰 교훈을 얻었습니다. 그것은 바로 스스로 결정을 내리지 않으면 다른 사람이 엉뚱한 결정을 내릴 수도 있다는 사실입니다."

선사업가이자 작가인 클레멘트 스톤은 "사람들 사이에는 작은 차이가 있다. 그 작은 차이가 큰 차이를 만든다."라고 말했다. 여기서 작은 차이란 습관이며 큰 차이란 그것이 좋은 습관이냐 나쁜 습관이냐 하는 것이다.

우리는 습관 속에서 살아간다. 따라서 매일 반복하는 그 습관이 좋은 습관, 성공하는 습관이라면 성공은 이미 예약해놓은 거나 다름없다. 항상 자신에게 유익한 좋은 습관, 성공하는 습관이 몸에 배도록 노력해야 한다.

종종 다음 질문을 스스로에게 던져보자.

'현재 지니고 있는 나의 습관은 나에게 좋은 영향을 미칠까? 나쁜 영향을 미칠까?'

03 아는 만큼 보인다, 책을 가까이하라

'사람은 책을 만들고, 책은 사람을 만든다'는 말이 있다. 그동안 책을 가까이 한 독서광인데 성공하지 못한 사람은 못 봤다. 달리 말하면 성공한 사람 치고 책을 멀리한 사람은 없다는 뜻이다.

책에는 다양한 지식과 경험, 철학이 담겨 있다. 따라서 책과 친해질수록 자신이 가고자 하는 분야에서 많은 해답을 찾을 수 있다. 그래서 성공자들이 줄기차게 "책을 읽자"고 목청을 높이는 것이다.

링컨은 "나는 계속 배우면서 나를 갖추어 나간다. 언젠가는 나에게도 기회가 찾아올 것이다."라고 말했다. 그는 자신의 말대로 꾸준한 독서를 통해 기회를 자신의 것으로 만들었다. 그리하여 변호사가 될 수 있었고 나아가 국회의원, 미국의 대통령이 될 수 있었다.

빌 게이츠의 부모는 자녀들이 책 읽는 데 몰입하도록 텔레비전 보는 것을 금지하고 주말에만 보도록 했다. 독서 습관이 어린 시절부터 몸에 밴 그는 언젠가 "텔레비전 프로그램을 싫어하기 때문이 아니라 시간을 텔레비전을 보는 데 빼앗기는 것이 아깝다"고 말한 적이 있다.

그는 7세 때 부모님이 사준 백과사전을 처음부터 끝까지 읽기로 다짐했다. 그리고 그는 자신의 결심을 끝까지 완수했다. 그는 백과사전을 읽으면서 새로운 취미가 생겼다. 루즈벨트, 나폴레옹, 뉴턴 등의 위인들의 전기를 읽는 것이다. 그는 그 외에도 다양한 장르의 책을 읽었다.

빌 게이츠는 어른이 되어서도 꾸준히 독서를 하고 있다. 주중에는 하루에 적어도 한 시간을 책 읽는 시간으로 정해놓는다. 그의 개인 도서관에는 14,000여 권의 책이 보관되어 있다.

다음은 독서광 빌 게이츠의 말이다.

"매주 적어도 한 건의 뉴스 이슈에 대해 처음부터 끝까지 정독하고 있다. 이해의 정도를 넓혀주기 때문이다. 만약 과학이나 비즈니스 섹션에서 내가 흥미를 느끼는 뉴스만 읽는다면 잡지를 읽기 전의 나와 읽고 난 후의 내가 변화가 없을 것이다. 그래서 나는 모든 이슈에 대한 기사를 읽는다."

경영학의 대가 톰 피터스는 경영학 관련 서적보다는 소설을 즐겨 읽는 편이다. 사람들이 그 이유를 묻자 그는 이렇게 말했다.

"대부분의 경영학 서적들은 답을 제시해준다. 반면 위대한 소설들은 '위대한 의문'을 던져준다. 이것이 내가 가르침을 얻기 위해 소설을 즐겨 읽는 이유이다."

경영학 관련 책을 읽든, 소설을 읽든 모두 유익하다. 톰 피터스가 경영학의 대가가 될 수 있었던 것은 그가 잘생겼기 때문도, 운이 좋았기 때문도 아니다. 어린 시절부터 꾸준히 독서를 해온 데서 그 이유를 찾을 수 있다. 그는 책에서 얻은 지식과 경험, 철학을 지혜와 나침반으로 삼아 생산적인 인생을 살 수 있었던 것이다.

사람은 아는 만큼 보인다. 성장하고 싶다면, 성공하고 싶다면 책을 가까이해야 한다. 에디슨은 『로마제국 흥망사』를 읽으며 '인내'를 배웠다. 로마제국의 멸망 원인이 오만과 게으름이었다는 부분에서 에디슨은 평생 근면 성실하게 살아야겠다고 결심했다. 그리하여 『로마제국 흥망사』는 훗날 에디슨이 1,000가지가 넘는 발명을 할 수 있는 정신적 토대가 되어주었다.

구글은 전 직원에게 전체 업무 시간의 20%를, 즉 일주일에 하루를 자신이 관심을 가지는 분야에 사용할 수 있도록 배려해준다고 한다. 그래서 많은 직원들이 자유 시간에 책을 읽거나 자료를 찾으며 시간을 생산적으로 활용한다. 이러한 제도를 실시하게 된 이유는 엔지니어의 사고를 유연하게 하고 창의성을 발휘하도록 하기 위해서였다. 이런 과

학교에서 알려주지 않는 인생 수업

정에서 의미 있는 연구 성과라도 나타나면 구글은 이를 곧장 온라인상에서 테스트하고 향후 사업화로 꾀했다. 지금처럼 구글이 하드웨어 및 소프트웨어의 경쟁시장에서 다른 업체들을 크게 앞지를 수 있었던 것은 꾸준한 독서를 통한 경쟁력 강화 덕분이다.

애플의 CEO 스티브 잡스는 대학생 시절에 『지구 백과』라는 책을 읽었다. 그 책에 '늘 배고파라. 늘 어리석어라.'라는 구절이 있었다. 그는 2005년 스탠퍼드 대학교 졸업식 축사에서 이 문장을 마지막으로 인용하면서 연설을 마쳤다. 그 연설로 클린턴과 케네디 연설로 이어지는 명연설 족보에 이름을 당당히 올릴 수 있었다. 그때의 연설은 지금도 세계의 젊은이들 사이에 명연설로 꼽히고 있다.

성공한 사람들은 모두 독서광이라고 할 수 있다. 미국 최고의 투자가인 워런 버핏은 하루의 3분의 1을 다양한 책과 투자 관련 자료, 잡지, 신문을 읽는 데 보낸다. 금세기 최고의 주식투자자로 선정된 존 템플턴 경은 '자기 자신을 살아 있는 도서관으로 만들라'고 충고했다. 아시아 최대 부자인 홍콩의 리카싱의 성공 비결 역시 독서에 있다. 그가 중학교 중퇴의 학력으로 성공할 수 있었던 것은 그는 매일 잠자리에 들기 전에 30분가량 책을 읽었던기 때문이다.

경영 컨설턴트 이영직은 "분야를 막론하고 세계적인 명성을 쌓은 사람들 중에 역사와 철학을 멀리한 사람은 거의 없다"고 말한다. 그는 자신의 저서 『질문형? 학습법!』에서 다양한 위인의 사례를 들며 인간의 사고 능력 향상에 가장 좋은 것이 고전 읽기라고 한다.

"동서를 막론하고 큰 업적을 이룬 사람들의 지적 호기심을 가장 불타오르게 만들었던 것은 고전이었다. 르네상스 시대를 열었던 인문학자 페트라르카는 동년배들이 『이솝우화』를 읽을 때 로마의 웅변가였으며 정치가였던 키케로의 『수사학』과 『의무론』에 빠져들었으며, 유럽의 명문 메디치가를 일으킨 로렌츠 데 메디치는 역사, 철학 등 고전에 깊이 빠져들었다. 특히 플라톤을 좋아해서 별도의 교사를 두고 공부를 했다고 한다.

르네상스의 천재 레오나르도 다빈치 역시 철학, 그중에서도 플라톤과 아리스토텔레스의 저서를 깊이 읽었다고 고백했다. 유년 시절 어눌한 소년이었던 뉴턴은 교사의 권유로 고전을 읽기 시작했는데, 그 중에서도 아리스토텔레스를 너무 좋아해서 대학에 들어가서는 고전을 필사까지 했다고 한다. 그는 필사가 고전을 읽는 좋은 방법 중 하나라고 말한다.

아주 좋아하는 고전이 있으면 한 권쯤 필사를 해보는 것도 고전을 읽는 좋은 방법이 될 수 있을 것이다.

시인 하이네는 10대 시절 외삼촌의 영향으로 플라톤, 데카르트, 네테스 하임 등의 철학책을 열심히 읽었으며 그것이 일생을 좌우했다고 한다. 영국의 철학자, 경제학자, 정치학자였던 천재 스튜어트 밀은 동서양의 고전을 가장 많이 정독한 사람으로 유명하다. (중략)

정치가였으며 기업가이기도 했던 벤자민 프랭클린은 플라톤, 아리스토텔레스 같은 고전은 기본이고 소크라테스의 『추상론』, 로크의 『인간 오성론』, 존 템플턴 역시 고전 철학을 권하고 있다. 그는 인간의 사고 능력 향상에 가장 좋은 분야는 철학이라고 말한다."

나는 지적 능력, 사고 능력 향상에 고전 읽기보다 더 좋은 것은 없다고 생각한다. 조선의 성군 정조는 "국가를 경영하는 근본은 뜻을 확립하는 것에서 비롯된다. 뜻은 오직 고전을 읽음으로써만 확립할 수 있다."라고 말했다. 정조가 국가를 경영하는 데 필요했던 지식과 사고들은 모두 고전 독서에서 온 것이다.

여러분도 고전 독서법을 활용해보기를 바란다. 분명 고전 독서법에 무언가 '특별한 비법'이 숨어 있음을 깨닫게 될 테니.

04 자신의 행동에 책임지는 사람이 되어라

1982년 가을 미국 시카고에 있는 한 약국에서 타이레놀을 사서 복용한 일곱 명의 시민들이 사망하는 사고가 발생했다. 회사 측의 잘못은 아니었지만 전 세계적으로 타이레놀에 대한 불매운동이 일어났다.

대부분의 사람이 타이레놀은 이제 끝장이라고 판단했다. 컨설팅 기관과 일부 경영진은 타이레놀 브랜드를 포기할 생각까지 했다. 그러나 스캐너데이터만을 이용하여 마케팅 분석을 하는 업체인 IRI 덕분에 기사회생할 수 있었다. 사건이 일어난 지 열흘이 채 되기도 전에 타이레놀의 시장점유율은 47%에서 6%로 곤두박질쳤으나 IRI의 보고서는 소비자들이 과민하게 반응을 보인 얼마의 시간이 지나자 시장점유율이 다시 회복되고 있다는 것을 보여주었다. 이를 두고 훗날 당시 IRI의 부사장은 "만일 존슨앤드존슨이 이러한 보고서를 받기 위해 석 달을 기다려야 했다면 이미 끝장이 났을 것이다."라고 말했다.

존슨앤존슨사가 타이레놀의 위기에서 벗어날 수 있었던 것은 단지 운이 좋아서일까? 조금 더 과정을 면밀히 살펴보면 그렇지 않다는 것을 알 수 있다. 나는 스캐너데이터를 이용해 마케팅 분석을 하는 업체인 IRI, 특히 타이레놀의 시장점유율을 분석했던 담당자 덕분이라고 생각한다. 만일 그 담당자가 자신의 일을 제대로 하지 않은 채 시장 분위기나 여론에 떠밀려 일을 했다면? 어쩌면 존스앤존슨사는 타이레놀 사건으로 인해 시장에서 모습을 감추고 말았을 지도 모른다.

그렇다고 IRI 업체에 모든 공을 넘길 수는 없다. 존스앤존슨사의 위기상황을 관리하는 과정에 대해 살펴보자. PR담당 부사장인 포스터는 버크 회장에게 현재 처해진 상황에 대해 직접 보고했다. 이때 버크 회장이 가장 중요시한 것은 소비자의 안전에 관한 책임이었다. 존슨 앤 존슨이 "위기를 어떻게 해서 그렇게 잘 관리할 수 있었느냐?"라는 질문에 포스터는 주저하지 않고 "회사가 책임감 있고 신속하게 행동했기 때문이다"고 대답했다.

존슨앤존슨사가 위기 상황에서 잘 벗어날 수 있었던 것은 자신의 행동에 책임을 졌기 때문이다. 이와 비슷한 상황이 발생하면 대부분의 기업들은 잘못을 감추기에 급급하다. 하지만 이는 언 발에 오줌 누는 것과 다를 바 아니다. 결국 동상에 걸린 발을 절단해야 하는 사태를 불러올지도 모른다.

성공한 사람들은 '자신의 행동에 책임지는 사람'이다. 사소하든 크든 실수나 잘못에 대해 변명이나 핑계 없이 시인하고 책임을 질 줄 안다.

에이브러햄 링컨은 책임을 질 줄 아는 사람이었다. 1863년, 남북 전쟁 초기를 제외하고 계속 수세에 몰려 있던 남부는 전략 요충지 빅스버그가 함락되면서 완전한 패배를 앞두고 있었다.

당시 명장 리 장군이 이끄는 남부군은 오히려 적극적인 공세를 펼치며 북부군의 주력군이 있는 워싱턴을 빙 둘러 포위하기로 했다. 계속되는 남부군의 북진에 링컨은 이를 저지하는 데 연방의 운명을 걸었다. 드디어 남부군과 북부군은 게티즈버그에서 만났다. 남부군은 7만 5천, 북부군은 10만 이상의 전력 차였다. 공방전 끝에 결국 남부군은 패배하고 말았다. 이 전투의 패배로 사실상 남북전쟁의 승패는 판가름난 것이나 다름없었다.

당시 게티즈버그 전투에서 공격 명령을 내릴 때, 링컨이 마이드 장군에게 쓴 편지는 유명하다.

"존경하는 마이드 장군, 이 작전이 성공한다면 그것은 모두 당신의 공로입니다. 그러나 만약 실패한다면 그 책임은 내게 있습니다. 만약 작전에 실패한다면, 대통령의 명령이었다고 말하고 이 편지를 모두 공개하시오."

링컨은 전투에서 승리한다면 그 공로를 모두 마이드 장군에게 돌릴 것이나, 패배하면 모든 책임을 자신이 지겠다고 선언한 것이다.

물론 자신의 실수나 잘못을 감추고 싶을 때가 있다. 하지만 이 순간을 조심해야 한다. 만일 실수나 잘못을 떳떳하게 인정하고 용서를 구하지 않고 감춘다면 사태는 더욱 악화된다. 설사 남들이 몰랐다고 하더라도 하늘과 나의 양심만은 알고 있다. 따라서 급히 먹어 체한 것처럼 한동안 마음이 불편하고 당당하게 생활할 수 없게 된다는 것을 기억하라.

05 어떤 상황에서도 끝장을 보는 근성을 가져라

인생을 살다보면 '이기는 습관', 즉 '깡'이 정말 필요하다. 축구 경기에서 수백 번 슈팅해도 골을 못 넣으면 지고 만다. 이기는 사람은 신경전, 즉 샅바 싸움에 능하다. 성공하는 인생을 살기를 바란다면 '그저 열심히 일하는 습관'이 아니라 '이기는 습관'을 가져야 한다.

하버드 대학에 진학한 한국 학생들을 대상으로 성적을 조사한 결과, 70%가 하위권에 속한다는 보도가 있었다. 전 세계의 우수한 인재들이 모여 있는 만큼 경쟁이 치열해서 그런 것이라고 자위할 수도 있다.

그러나 중요한 것은 다른 데 있었다. 한국 학생들은 다른 나라 학생들에 비해 입학할 때는 우수한 성적이었는데, 들어온 후 성적이 저조했다는 것이다. 조사 결과, 대다수 한국 학생의 경우 하버드 입학 이상의 목표가 없었기 때문인 것으로 밝혀졌다.

휘발유가 없는 자동차는 제 아무리 성능이 뛰어나더라도 단 1mm도

움직이지 않는다. 마찬가지로 사람도 목표가 결여되어 있다면 주도적인 인생을 살 수 없다. 그저 남이 시키는 대로 끌려 다니며 인생을 마치게 된다.

반면에, 목표가 있는 사람은 군기가 바짝 든 군인처럼 힘 있고 민첩하게 움직인다. 절대 남들이 이끄는 대로 따라가지 않는다. 이런 사람은 어떤 상황에서도 끝장을 보는 근성을 가지고 있다. 그래서 한 번 마음먹은 일은 어떤 일이 있어도 관철시키고 만다.

끝장을 보는 습관, 즉 이기는 습관을 가진 사람은 하늘도 돕는다. 남들에게는 허무맹랑하게 여겨지는 일도, 이기는 습관을 가진 사람은 반드시 그 일을 이룬다. 비전을 실현하는 과정을 살펴보면 정말 이해할 수 없는 일들이 많다. 결정적인 순간에 기회가 생기거나 이끌어주는 사람이 나타나 도움을 준다. 이는 하늘이 돕는다고밖에 설명할 길이 없다.

어느 마을에 가난한 부모와 함께 살고 있던 소년이 있었다. 또래 친구들은 서당에서 책을 읽으며 공부를 했다. 하지만 소년은 집이 너무나 가난한 탓에 서당에 갈 수가 없었다. 이런 모습을 본 부모는 너무나 마음이 아팠다. 그래서 오랫동안 고민한 끝에 부모는 소년을 절에 보내기로 했다.

소년은 열심히 스님에게 글을 배웠다. 또 새벽에 일어나 마당을 쓸며 절을 깨끗하게 청소했다. 그렇게 소년은 절에서 3년을 지냈다.

그러던 어느 날 그림을 그리던 화가가 절에서 잠시 쉴 생각으로 찾아왔다. 그 화가는 며칠 동안 산책을 하며 그림을 그렸다. 소년은 화가의 어깨 너머로 그림을 훔쳐보았다. 소년에게 그림은 너무나 아름답게 느껴졌다. 소년은 하루도 거르지 않고 틈만 나면 화가가 그림 그리는 모습을 지켜보았다. 그리고 어느 덧 보름이 흘렀을 때 화가는 다시 마을로 내려갔다. 그때 화가는 절을 떠나면서 소년에게 선물로 종이와 붓을 주었다.

다음 날, 소년은 화가에게 받은 종이와 붓을 살며시 만져보았다. 그러자 자신도 그림을 그리고 싶은 마음이 들었다. 소년은 스님 몰래 방 안에서 그림을 그렸다. 절 마당에 있는 나무를 그리고, 예쁜 꽃을 그렸다. 그리고 그렇게 자주 그림을 그리다 보니 자신에게 그림 소질이 있다는 것을 알게 되었다. 시간이 흐르면서 소년은 그림을 잘 그리고 싶다는 열망에 사로잡혔다.

어느 날 주지 스님은 소년이 부처님을 모시기보다 쓸데없는 짓만 한다고 여겼다. 그래서 주지 스님은 소년을 불러 이렇게 야단쳤다.

"요즘 네 머릿속에는 온통 다른 생각뿐이구나. 부처님을 모시는 자가 그토록 수행에 게을러서야 되겠느냐?"

주지 스님의 말에 소년은 간절한 목소리로 말했다.

"스님, 용서해주십시오. 사실 저는 며칠 동안 그림을 그렸습니다. 그런데 그림을 그리다 보니 저에게 그림을 그리는 재주가 있다는 것을 알았습니다. 무엇보다 그림 그리는 일이 너무 좋습니다. 스님, 부디 제가 그림을 그릴 수 있도록 허락해주십시오."

하지만 주지 스님은 소년의 부탁을 냉정하게 거절했다.

"절대로 안 된다. 부처님을 모시기로 하고 이곳에 온 이상 수도에만 전념해야 한다. 또 다시 네가 그림을 그리는 것이 눈에 띄면 그때는 너에게 큰 벌을 내릴 것이다."

소년은 주지 스님의 불호령이 떨어지자 더 이상 어떤 말도 할 수가 없었다. 그래서 하는 수 없이 며칠 동안 꾹 참고 수행에만 전념했다. 하지만 이내 다시 그림에 대한 생각이 간절해져 결국 스님 몰래 붓을 들고 말았다. 화가 난 주지 스님은 몹시 야단치며 그를 법당 기둥에 꽁꽁 묶어놓았다. 그리고는 다른 스님들에게 소년에게 일체 음식을 주지 말라는 엄한 명령을 내렸다.

소년은 법당 기둥에 묶인 채 꼬박 하루를 보냈다. 그리고 이튿날이 되었다. 주지 스님은 소년이 잘못을 뉘우치고 있는지 보려고 법당으로 들어섰다. 그 순간 주지 스님은 크게 놀랐다. 지쳐 잠들어 있는 소년 옆에 많은 생쥐들이 무언가를 주워 먹고 있었던 것이었다. 주지 스님은 생쥐들을 쫓으려고 달려갔다. 그런데 어쩐 일인지 생쥐는 달아나시 않고 그대로 있는 것이었다. 주지 스님은 이상하게 생각되어 가까이 다가가 보았다. 알고 보니 그것은 그림이었다. 소년은 벌을 받으며 힘들어 눈물을 흘렸는데 그 눈물을 찍어 그림을 그렸던 것이었다.

한 번 마음먹은 일은 끝장을 보는 습관을 가져보라. 즉 될 때까지 공부하고, 도전하고, 연구하고, 재도전하라는 말이다. 백 번 두드려 문이 열리지 않으면 백한 번 두드려라. 언제든 열리게 되어 있다.

진정한 싸움의 대가들은 덩치로 싸우지 않는다. '깡'으로 싸운다. 상대가 아무리 덩치가 크고 강해도 상대가 쓰러질 때까지 덤비고 또 덤빈다. 그러면 상대는 얻어터지면서도 계속 덤비는 '깡'에 기가 질려 중도에 꼬리를 내리게 된다. 그 순간 싸움의 기선은 덩치는 작지만 '깡'이 센 사람에게로 넘어가게 된다.

메이저리그에서 22시즌을 뛰면서 714개의 홈런을 기록한 미국의 홈런왕 베이브 루스. 그는 날아오는 야구공의 실밥까지 뚜렷이 보며 공을 칠 수 있었다고 한다. 그렇다고 그가 남다른 시력을 가졌기 때문은 아니었다.

베이브 루스는 며칠 동안 연습에 빠졌다. 동료들은 혹시 그가 아픈 것이 아닌가 걱정이 되어 그의 방으로 찾아갔다. 그런데 방안에서는 음악이 흘러나오고 있었다. 그는 음악에 취해 친구들이 들어온 것도 알지 못했다. 그는 마치 홈런을 치기 전의 자세로 온 신경을 집중하고 레코드판을 노려보고 있었다. 동료들은 놀라서 한참이나 숨을 죽인 채 그 모습을 바라보며 서 있었다.

잠시 후 동료들이 그의 이름을 몇 번이나 불렀다. 하지만 베이브는 동료들이 부르는 소리가 들리지 않는지 계속 레코드판만 노려보고 있었다. 한 동료가 다가가 어깨를 두드렸다. 그때서야 베이브는 동료들을 알아보고 반기는 것이었다.

동료들은 베이브에게 물었다.

"베이브, 연습에 빠지고 한가하게 음악이나 듣고 있을 때인가? 도대체 지금 뭘 하는 건가?"

그러자 베이브가 웃으며 말했다.

"지금 홈런 연습을 하고 있어. 공을 제대로 치기 위해서는 날아오는 공을 정확히 볼 수 있어야 한다고 생각하거든. 그래서 돌아가는 레코드판의 바늘 끝을 공이라 생각하고 따라가고 있었던 거야. 처음에는 회전이 빨라 바늘 끝을 놓치기 일쑤였지. 하지만 어느 순간부터 음반의 회전이 느려지고 바늘 끝을 놓치지 않을 수 있게 되었어."

베이브 루스가 '홈런왕'이 될 수 있었던 것은 지독한 연습벌레였기 때문이다. 한 번을 연습해도 끝장을 보는 근성, 즉 이기는 습관을 가졌기 때문이다.

오래전 중소기업 CEO들을 대상으로 강연할 기회가 있었다. 그때 강연이 끝나고 몇몇 분과 이야기를 나누었는데 마흔 중반의 한 분이 이렇게 말했다. 그분의 말씀이 오래도록 기억에 남아 있다.

"저의 어머니는 저에게 믿지 못할 만큼 엄청난 선물을 주셨습니다. 그것은 보통의 어머니처럼 무한정한 사랑을 말하는 것이 아닙니다. 저의 어머니는 제가 주저할 때 '어떤 일을 하든지 나는 너를 응원한다. 그러니 한 가지 일을 하더라도 끝장을 보는 근성을 갖고 해야 한다.'라며 격려를 아끼지 않으셨습니다. 그러면서 제가 마음만 먹으면 무엇이든지 이룰 수 있다는 자신감도 심어주셨지요. 그 결과 저는 젊은 나이에 저만의 사업체를 꾸릴 수 있었습니다."

06 오늘 걷지 않으면 내일은 뛰어야 한다

'경영학의 아버지'라고 불리는 피터 드러커는 학교에서 선생님에게 받은 질문 하나가 자신의 인생을 바꾸어놓았다고 말했다. 당시 13세였던 드러커에게 담임선생님이 물었다.

"너는 나중에 어떤 사람으로 기억되기를 바라느냐?"

선생님의 갑작스러운 질문에 드러커는 대답을 하지 못했다. 그동안 그런 생각조차 해보지 못했기 때문이다.
선생님이 다시 말했다.

"비록 지금은 이 질문에 대답을 하지 못해도 좋다. 하지만 네가 50세가 되어서도 이 질문에 답할 수 없다면 인생을 잘못 산 것이란다."

드러커는 그때의 대화를 평생 잊을 수 없었다고 회고했다. 그러면서 그때 담임선생님에게 받은 질문이 자신의 인생을 바꾸어놓았다고 말했다.

'점철성금(點鐵成金)'이라는 말이 있다. '쇠를 달구어 황금을 만든다.'라는 뜻으로 나쁜 것을 고쳐서 좋은 것을 만든다는 뜻이다. 쇠를 그냥 방치한다면 무용지물인 쇠붙이일 뿐이다. 그러나 쇠붙이를 달구어서 두드린다면 강철이 되기도, 생활에 필요한 물건을 만든다면 누군가에게 중요한 생활도구가 되기도 한다. 따라서 쇠붙이를 어떻게 연마하느냐에 따라 그 가치가 달라지는 것이다.

사람도 쇠붙이와 비슷하다. 처음에는 자신의 재능을 찾지 못해 평범한 삶을 살아가지만 꾸준히 재능을 찾기 위해 노력한다면 그동안 몰랐던 재능을 찾을 수 있다. 그 재능을 쉬지 않고 계발한다면 분명 비범한 사람이 된다.

성공한 인생을 사는 사람들은 끊임없이 '나'라는 쇠붙이를 달구고 두드려서 황금으로 만든 사람들이다. 비록 그들의 시작은 초라했지만 점철성금의 정신으로 '나'를 새롭게 디자인하여 최고의 가치를 부여했던 것이다.

이탈리아 작은 마을에서 태어난 안토니오라는 소년이 있었다. 소년은 음악을 무척 좋아했지만 친구들처럼 아름다운 목소리를 낼 수도 없었고, 바이올린을 연주하지도 못했다. 다만 손재주가 뛰어났기에 조각

칼로 나무를 깎아서 여러 조각품을 만들곤 했다.

그는 친구들이 연주하는 바이올린의 아름다운 화음을 들으면서 생각에 잠겼다.

'왜 나는 친구들처럼 바이올린을 연주할 수 없는 걸까?'

어느 날, 안토니오는 바이올린 장인 아마티 노인을 찾아갔다. 그는 자신이 만든 물건들을 아마티 노인에게 보이면서 이렇게 물었다.

"할아버지, 저도 바이올린을 만들 수 있을까요?"

아마티 노인은 다정한 투로 말했다.

"그렇단다. 먼저 얘야, 너는 왜 바이올린을 만들려고 하니?"
"저는 음악을 무척이나 좋아하고 사랑하지만 목소리가 좋지 않아요. 그래서 노래를 잘 부를 수 없고요. 그리고 친구들처럼 바이올린을 잘 연주할 줄도 몰라요. 하지만 음악을 위해 꼭 좋은 일을 하고 싶어요."

아마티 노인은 음악을 사랑하는 소년의 마음을 느낄 수 있었다. 그는 소년을 보며 이렇게 말했다.

"그래? 너의 진지한 눈을 보니 얼마나 음악을 사랑하는지 알 것도 같구나. 얘야, 음악을 하는 방법에는 여러 가지가 있단다. 어떤 사람은 악기로, 또 어떤 사람은 좋은 목소리로 음악을 표현하지. 하지만 가장 중요한 것은 마음의 노래란다. 너는 손재주가 있으니까 거기에 마음의 노래를 불어넣으면 분명 훌륭한 악기를 만들 수 있을 거야."

아마티 노인은 이렇게 격려하면서 안토니오를 제자로 삼았다. 하지만 바이올린을 만드는 일은 단순히 조각칼로 나무를 깎아서 조각품을 만드는 일는 달랐다. 그동안 경험해보지 못한 시련과 역경이 있었다.

안토니오는 묵묵히 견뎌냈다. 때로 손가락을 펼 수 없을 정도의 고통이 밀려왔지만 인내했다. 만일 지금 포기한다면 다시는 바이올린을 만들 수 없다는 생각이 들었기 때문이다.

그렇게 해서 마침내 안토니오는 22세 때 제법 훌륭한 바이올린을 만들 수 있었다. 또한 자신이 만든 바이올린에 자신의 이름을 새겨 넣을 수 있을 정도까지 실력까지 갖추게 되었다.

그는 평생 동안 1,000개가 넘는 바이올린을 만들었다. 바이올린을 하나하나 만들 때마다 음악에 대한 모든 열정을 담아 더욱더 좋은 바이올린을 만들려고 노력했다. 이렇게 해서 만들어진 것이 모든 음악인에게 사랑받는 '스트라디바리 바이올린'이다.

안토니오가 세계 최고의 바이올린 장인이 될 수 있었던 것은 점철성금의 정신 덕분이다. 민일 그에게 점철성금의 정신이 없었다면 그는 평범한 삶을 살았을 것이다.

작은 쇠막대기도 목적에 따라 그 가치도 달라진다. 쇠막대를 사용하여 열쇠를 만들면 1달러의 가치가 있고, 그 쇠를 녹여서 연장을 만들면 5달러의 가치가 있다. 쇠를 달구어 불순물을 제거하고 깨끗한 강철로 만들어 명품시계의 정밀한 부품을 만들면 30만 달러의 가치가 있다.

그렇다면 여러분은 '나'라는 소재를 어떻게 활용하고 싶은가? 여러분의 가치는 여러분이 하기에 달려 있다. 분명한 것은 '점철성금'의 정신으로 자신을 계속 계발하면 수천만 달러의 가치가 있는 보석이 되는 것이다.

참고 문헌

- 『크게 생각할수록 크게 이룬다』, 데이비드 슈워츠, 나라
- 『질문형? 학습법』, 이영직, 스마트주니어

7장

시간 관리가 미래를 결정한다

01 시간은 힘이 세다

나딘 스테어의 시, 「만일 내가 인생을 다시 산다면」 중의 일부분이다.

만일 내가 인생을 다시 산다면
보라. 나는 시간 시간을, 하루하루를
의미 있고 분별 있게 살아가는 사람의 일원이 되리라.
아, 나는, 많은 순간들을 맞았으나 인생을 다시 시작한다면
그러한 순간들을 더 많이 가지리라.
사실은 그러한 순간들 외에는 다른 의미 없는
시간들을 갖지 않도록 애쓰리라.
오랜 세월을 앞에 두고 하루하루를 살아가는 대신
이 순간만을 맞으면서 살아가리라.

나딘 스테어의 시를 읽으며 많은 생각이 교차했다. 그중에서도 인생은 헛되이 보내기에는 너무나 짧다는 생각이 지배적이었다. 사실 나는 그동안 내가 지나온 발자취를 돌아보며 생산적인 일보다 비생산적인 일에 더 시간을 할애했음을 깨달을 수 있었다. 만약에 과거에 내가 좀 더 의미 있고 분별 있게 행동했더라면 지금보다 더 나은 삶을 살고 있을 것이다.

시간을 지배하는 사람이 성공한다. 이 말을 거꾸로 뒤집어보면 시간에 끌려가는 사람은 실패한다는 말이 된다. 물론 사실이다. 실패한 사람들 중 대다수가 시간 경영에 실패한 사람들이다. 그들은 끊임없이 목표와 계획을 세우지만 꾸물거리며 정작 행동에 옮기지 않는다. 행동에 옮겼다고 하더라도 일이 뜻대로 되지 않으면 중도에 포기해버린다. 그렇게 그들은 자신에게 주어진 시간을 허비했던 것이다.

나폴레옹은 "오늘 나의 불행은 언젠가 내가 잘못 보낸 시간의 보복이다."라는 의미심장한 말을 남겼다. 모든 사람에게 주어진 시간은 공평하다. 그런데 어떤 사람은 성공을 일궈내고 또 다른 사람은 실패의 늪에 빠져 허우적거린다. 앞서 말했다시피 성공과 비결의 요인 가운데 '시간'을 빼놓을 수 없다. 나폴레옹의 하루 수면 시간은 3시간이었고, 발명가 에디슨은 4시간, 레오나르도 다빈치는 90분가량이었다고 한다. 그들이 위대한 업적을 남길 수밖에 없었던 이유는 하나로 귀결된다. 바로 시간 경영에 성공했다는 것이다.

이외에도 시간 경영으로 성공한 사람의 예는 수없이 많다. 자수성가한 찰리 루커만은 12년간 열심히 노력한 끝에 연봉 10만 달러의 사장이 될 수 있었다. 그는 자신의 성공 요인에 대해 이렇게 말했다.

"저는 새벽 다섯 시면 일어납니다. 이 시간이 저한텐 생각하기 가장 좋은 시간이죠. 그때 저는 그날 해야 할 일의 계획을 세우며 일의 경중과 완급에 따라 일을 분배합니다."

시간을 생산적으로 쓰기 위해선 계획이 필수적이다. 계획 없이는 절대 하루 24시간을 생산적으로 쓸 수 없다. 이것저것 손에 잡히는 일부터 처리하다가 뭉텅이 시간을 자투리 시간으로 만들어버리게 된다. 그렇게 하루하루가 지나다보면 한 달, 한 해가 후다닥 흐르게 된다. 그렇게 짧은 인생은 더욱 짧아지고 나중에 손쓸 수 없는 상황에 놓인다.

미국의 보험왕인 베트게 프랭키는 매일 새벽 다섯 시 전에 기상해 그날의 일을 계획한다. 그는 하루 전에 미리 다음 날에 달성할 보험액수를 정하는데, 이를 달성하지 못할 때는 그 다음 날에 전날 부족했던 만큼의 액수를 더 채우려고 노력했다. 성공자들이 얼마나 철저하게 시간을 생산적으로 썼는지 모른다. 나폴레옹의 말대로 시간을 헛되이 쓰다가는 머지않아 헛되이 보낸 시간으로부터 보복을 당하게 된다는 것을 알기 때문이다.

시간은 양적인 시간과 질적인 시간으로 구분할 수 있다. 목표 관리

전문가 유성은은 저서『시간 관리와 자아실현』에서 양적인 시간과 질적인 시간에 대해 다음과 같이 견해를 밝힌다.

"양적인 시간과 질적인 시간은 모두 중요하다. 중요한 일을 완수하기 위해서는 상당한 시간이 필요하며, 기회를 포착하기 위해서는 순간적인 선택과 결단이 필요하다. 감은 꽃이 피고 열매를 맺기까지 수개월이 걸린다. 이것은 양적인 시간이다. 그런데 감이 익으면 적절한 시기에 따야 한다. 너무 빨리 따면 떫고 너무 늦게 따면 물러 터져서 먹기 곤란하다. 여기서 따야 할 적절한 시기가 바로 질적인 시간이다. 양적인 시간과 질적인 시간에 대해 정확하게 이해하면 시간표를 잘 짤수 있고 결과적으로 시간을 잘 활용할 수 있게 된다."

지금 여러분은 '대학 진학'이라는 중요한 과제를 두고 있다. 그런데 단순히 '대학 진학' 앞에 '명문'이라는 명사가 붙는다. 이 명사가 붙기때문에 여러분은 죽을힘을 다해 공부해야 하는 불행한 처지에 놓인 것이다. 여러분은 양적인 시간과 질적인 시간을 모두 잘 활용해야 한다. 그래야 일분일초를 헛되이 허비하지 않고 생산적인 일에 집중할 수 있기 때문이다.

비록 지금 고통스럽더라도 힘들다고 징징대선 안 된다. 죽을힘을 다해 공부해 명문 대학에 진학하면 여러분의 인생은 꽃피게 될 테니까. 대학에서도 자신의 꿈과 목표에 따라 최선을 다한다면 그야말로 탄탄

대로가 열린다고 할 수 있다.

시간을 허비하는 사람들 가운데 과거에 발목 잡힌 사람이 있다. 과거는 어떻게 해볼 수 없는 흘러간 시간이다. 이런 사람을 보면 참으로 안타깝다. 흘러간 물로 물레방아를 돌리려는 것과 같기 때문이다. 미국의 목회자 찰스 R. 스윈돌은 "사람들 가운데 과거에 얽매여 시간을 허비하는 사람이 있다. 과거는 흘러갔으니 잊어버려라. 미래에 희망이 있으니 그것을 잡아라"고 충고했다. 흘러간 물로 물레방아를 돌리려는 사람은 반드시 귀담아들어야 한다.

시간을 지배하는 사람이 성공하는 인생을 산다고 말했다. 그러므로 시간을 지배하기 위해 처리해야 할 일이 있다면 미루지 말고 당장 처리해야 한다. 미루고 미루다 보면 시간에 끌려 도살장으로 향하는 자신을 발견하게 된다. 유서프 타라는 자꾸만 미루는 사람들에게 "오늘 그것을 할 수 없다면, 대체 무슨 근거로 내일 그것을 할 수 있다고 생각하는가?"라고 물었다. 지금 할 수 없다면 다음에도 할 수 없다는 것을 기억하자.

『채근담』에 이런 글이 있다. 가슴에 새겨보라.

"천지는 영원하지만 인생은 한 번뿐이다. 사람의 일생은 길어봐야 100년이라 한순간에 지나가버린다. 그렇기 때문에 행복한 이 세상에 태어나 인생을 즐기며 헛되게 보내지 않도록 늘 유념해야 한다."

02 자투리 시간을 활용해 경쟁력을 높여라

    우리는 자투리 시간이라는 용어를 많이 쓴다. '자투리'란 말은 옷을 재단하고 남는 조각 천을 일컫는다. 그렇다면 자투리 시간이란 무엇을 뜻하는 걸까? 그것은 어떤 일을 하고 남는 시간을 말한다. 공부나 일을 하다보면 예상보다 일찍 끝나 자투리 시간이 생긴다. 공부를 할 때도 공부 사이에 틈이 생기게 마련이다. 또한 수업이 바뀌거나 취소되면 긴 자투리 시간이 생길 수 있다.

    『시간관리와 자아실현』의 저자 유성은은 이렇게 말한다.

    "하루를 주의 깊게 살펴보면 수많은 자투리 시간이 있는데 활용하는 법에 매우 서투르다. 나는 매 학기 내가 가르치는 학생들에게 교양도서 한 권씩을 정해 정독하게 한다. 그리고 그 책을 언제 읽어야 하는지 시간을 가르쳐준다. 즉 책을 학교 통학버스나 전철 속에서 읽도록 권한다. 내가 가르쳐 준대로 책을 읽은 학생들은 특별히 시간을 할애하지 않고 버스나 전철 안에서 그 책을 다 읽을 수 있었다고 말한다."

자투리 시간을 잘 활용하면 유익한 점이 한두 가지가 아니다. 실력이 부족한 과목을 집중적으로 공부해 실력을 키울 수 있고 고전 등을 읽음으로써 사고력과 지적 능력을 향상시킬 수 있다. 아니면 수험생 생활을 대비해 틈틈이 운동으로 체력을 강화시킬 수도 있다.

고등학교 3학년 김신 군이 동급생 두 명과 함께 자투리 시간을 활용해 세계적 석학 프린스턴대학 필랜더 교수의 『지구 온난화 비밀』 원서를 번역해 화제가 된 적이 있다. 김 군은 사교육을 받지 않고도 민사고 입학 당시 토플 만점과 전교 1등의 성적을 낼 수 있었다고 한다. 현재 그는 훌륭한 성적으로 프린스턴, 스탠포드, 예일 등 해외 유명 대학의 합격자 발표를 기다리고 있다. 김 군의 공부 비결은 자투리 시간을 활용한 데 있었다.

김 군이 『지구 온난화 비밀』 원서를 번역하게 된 계기는 지구과학 수업을 진행하던 담당 선생님이 제안한 데서 비롯되었다. 친구와 함께 번역을 시작했지만 생각보다 번역은 쉽지 않았다. 하지만 김 군은 자투리 시간을 활용해 사전을 찾아보는 등 2년의 시간을 들여 번역을 마칠 수 있었다. 그렇게 완성된 한국어판은 원작자이자 세계적인 석학인 프린스턴대 필랜더 교수가 "원본에서 발견된 실수까지 교정한 훌륭한 한국어 번역본이다."라고 극찬했다고 한다. 그는 이후 「토플 대란, 그리고 사재기의 경제학」이라는 경제논문을 쓰기도 했다.

10대 시절에 열심히 하는 공부만큼 남는 투자는 없다. 이시형 박사는 이렇게 말했다.

"공부보다 안전한 투자는 없습니다. 저위험 고수익, 밑천들 게 없는데도 노력의 대가가 반드시 돌아오는 안정적 투자입니다. 그 대가가 당장 눈에 보이지 않더라도 시간이 지나면 반드시 알게 됩니다. 무엇보다 공부라는 지적 자극은 우리 뇌를 활성화시켜 몸과 마음을 젊게 유지해줍니다."

유성은의 『히딩크 파워학습법』에 보면 소설 『장한몽』, 『관촌 수필』, 『매월당 김시습』 등으로 널리 알려진 중진 작가 이문구 선생 이야기가 나온다.

"그는 개인적으로도 유능한 작가이지만 정의감도 남다른 분이어서 1970~1980년대의 폭압정치 시절에는 앞장서서 민주화 투쟁을 벌인 분이기도 했다. 그러다 보니 많은 작가, 젊은이들과 시위 현장을 지키고 밤에도 술집에서 보내는 일이 잦았다. 그런 가운데도 그는 장편을 비롯한 다수의 문제작을 내놓았다. 주변 사람들은 그가 어떻게 그 많은 글을 쓸 수 있는지 의아했다. 그래서 어느 날 후배 작가가 "선생님은 줄곧 저희와 함께 계셨는데 언제 그 많은 글을 쓰십니까?" 하고 물었다. 그러자 그는 빙그레 웃으며 "나는 남들이 다 잠든 새벽에 일어나 글을 쓴다네." 하고 말했다.

동료들과 어울려 낮에는 농성장을 지키고, 밤의 술자리에서는 구수한 입담으로 좌중을 휘어잡는 그였지만, 평소에는 대취하지 않았다. 그렇게 젊을 때부터 일찍 일어나 사색하고 원고지를 채우던 습관이, 그가 좋은 작품을 낳을 수 있는 바탕이 되었던 것이다."

주위에 보면 하루 종일 바쁘게 사는데도 남들보다 더 많은 일을 하는 사람들이 있다. 그러면서 틈틈이 외국어 공부나 자격증 공부를 한다. 이들의 활동량은 혀를 내두르게 한다. 그들의 비결 역시 자투리 시간을 알차게 활용하는 데 있다.

지인 중에 점심시간을 쪼개 증권 및 컴퓨터 자격증 등 13개의 자격증을 취득한 사람이 있다. 그가 자격증을 따기 시작한 건 대학 때부터였다. 경영학을 공부하며 주식투자에 관심이 많아 2종 투자상담사 자격증을 딴 것이 계기였다. 그때부터 증권 관련 자격증은 물론 컴퓨터 자격증까지 땄고 회사에 들어와서도 업무에 필요한 자격증을 계속 취득해 모두 13개가 되었다. 현재 갖고 있는 자격증은 2종 투자상담사, 인터넷 정보검색사 2급, 워드프로세서 2급, 선물거래상담사, 1종 투자상담사, 회계관리 2급, 자산관리사, 금융자산관리사, 일반운용전문인력, MOS Excel 2000, 재무위험관리사, 외환관리사, 간접투자증권 판매인력 평가시험 등이다.

물론 그가 취득한 자격증 가운데 업무에 직접적인 관련이 없는 것도 있다. 그러나 아무리 사소한 자격증도 그에게는 무엇과도 바꿀 수 없는 소중한 보물이다. 특히 증권 관련 자격증은 하나를 딸 때마다 그가 할 수 있는 업무 영역이 넓어지기 때문에 일을 하는 데 큰 도움이 된다.

'왈츠의 황제'로 불리는 요한 스트라우스는 식당에서 음식을 주문하고 나서 음식을 기다리는 자투리 시간에 메모지에 악보를 그려 작곡했다. 링컨 대통령은 열차 안에서 자투리 시간을 내어 연설문 원고를 작성해서 시간을 생산적으로 활용했다.

나는 종종 버스와 지하철을 이용하는 편이다. 승객들은 세 부류로 나뉘는데, 등·하교 시간을 잘 이용해 부족한 독서를 학생들, 꾸벅꾸벅 졸고 있는 직장인들, 옆 사람과 수다를 떨고 있는 대학생들이다. 여러분은 대중교통을 이용할 때 단 5분이라도 수능과 관련된 고전소설, 현대소설, 시, 수필 등을 읽거나 시대 상황이 잘 반영된 칼럼, 신문 사설을 읽기를 바란다. 그러면 자연스레 논술시험에 대비할 수도 있다. 이것이 일석이조(一石二鳥)가 아니고 무엇이겠는가?

『쾌락독서』의 저자로 바쁜 나날을 보내고 있는 문유석 판사는 〈경향신문〉과의 인터뷰에서 다음과 같이 말했다.

"사실 생각해보면 1년 365일 중에서 멍 때리는 시간이 가장 많아요. 저조차도 막연하게 빈둥대는 시간이 많죠. SNS나 인터넷 서핑을 하거나 '일하기 싫다. 지금도 싫지만 더 하기 싫다.' 이럴 때가 아마 제일 많을 걸요. 바쁘다고 해도 분명 여분의 시간이 있습니다."

03 우선순위를 정해 가장 중요한 일부터 하라

"매일 복습을 해야 되는데 나도 모르게 자꾸 미루게 돼요. 시간이 부족해서요."

대부분의 학생이 말하는, 이유 있는 '변명'이다. 사실 아침 일찍 등교해 집에 와서는 학원 가랴, 숙제하랴 늘 시간이 부족하다. 하지만 그렇다고 해서 모든 원인을 시간 부족으로 돌려선 안 된다. 이는 패배의 변명과 다를 바 없기 때문이다.

시간은 하루 24시간 모두에게 공평하다. 그런데 어떤 사람은 24시간을 48시간으로 쓰는가 하면, 24시간을 12시간으로 절반밖에 활용하지 못하는 사람도 있다. 시간은 한정되어 있는 만큼 그 어떤 자원보다도 효과적이고 생산적으로 활용해야 한다.

시간의 중요성은 거듭 강조해도 지나치지 않는다. 경영학의 대가 피터 드러커 역시 『프로페셔널의 조건』에서 시간에 대해 이렇게 말했다.

"시간은 다른 자원과는 달리 한정된 자원이다. 시간은 빌릴 수도, 고용할 수도, 구매할 수도, 혹은 다른 사람보다 더 많이 소유할 수도 없다.

시간의 공급은 완전히 비탄력적이다. 아무리 수요가 많아져도 시간의 공급은 늘릴 수 없다. 시간에는 가격도 없고, 한계 효능 곡선이라는 것도 없다. 게다가 시간은 철저하게 소멸되는 것으로서 저장될 수도 없다. 어제의 시간은 영원히 지나가버리고 결코 되돌아오지 않는다. 그러므로 시간은 언제나 심각한 공급 부족 상태에 있다.

시간은 철저히 대체 불가능하다. 다른 자원도 한계가 있긴 하지만 대체할 수는 있다. 예를 들면, 알루미늄 대신에 구리를 대체용으로 사용할 수 있다. 인간의 노동을 자본으로 대체할 수도 있다. 육체 노동을 지식 노동으로 대체할 수 있고, 그 반대도 가능하다. 그러나 시간만은 다른 무엇으로도 대체할 수가 없다."

피터 드러커는 부족한 시간을 극복하는 방법도 제시했다. 우선순위를 정한다면 시간을 효과적으로 활용할 수 있다는 것이다. 그런데 우선순위 결정에는 몇 가지 중요한 원칙이 있다. 그 원칙들은 모두 분석이 아닌 용기와 관련된 것들이다.

첫째, 과거가 아닌 미래를 선택할 것.

둘째, 문제가 아니라 기회에 초점을 맞출 것.

셋째, 평범한 것이 아닌 독자성을 가질 것.

넷째, 무난하고 쉬운 목표보다는 확연한 차이를 낼 수 있는 높은 목표를 세울 것.

우선순위를 정하지 않고 무턱대고 한다면 뒤죽박죽되고 만다. 공부를 예로 들어보자. 영어 과목이 모든 사람에게 중요하지는 않다. 영어를 잘하는 학생도 있고 처지는 학생도 있기 때문이다. 영어 실력이 낮은 학생에게는 영어가 우선순위다. 하지만 영어를 잘하는 학생이 영어 과목을 우선순위에 넣는다면 다른 과목을 공부하는 데 시간을 빼앗기게 된다. 이처럼 우선순위를 정하면 적절하게 시간을 안배할 수 있다.

만일 우선순위를 정했는데도 시간이 모자라다면, 하루 동안 자신이 쓰는 시간을 10분 단위로 기록해보자. 사용한 시간을 기록하면 시간을 관리할 수 있다. 그리고 하루 동안 쓴 시간을 통합해서 적절하게 안배하면 된다.

젊은 제자들이 소크라테스를 찾아가 물었다.

"선생님, 인생이란 무엇입니까?"

그러자 소크라테스는 제자들을 과수원으로 데리고 갔다.

"자, 여기 넓은 사과 밭이 있다. 좋은 사과가 얼마든지 있으니 너희들은 지금부터 사과밭으로 들어가 각자 마음에 드는 사과를 하나씩 따오너라. 다만 선택은 한 번뿐이며 한 번 지난 길은 되돌아갈 수 없느니라."

스승의 말이 끝나기가 무섭게 제자들은 사과밭으로 뛰어갔다. 잠시 후 사과를 하나 씩 딴 제자들이 소크라테스에게로 돌아왔다.
소크라테스가 말했다.

"모두 마음에 드는 사과를 골랐을 테지?"

하지만 제자들은 말이 없었다.

"왜? 마음에 드는 사과가 없었느냐?"

한 제자가 대답했다.

"스승님, 한 번만 더 기회를 주십시오."
"왜 기회를 한 번 더 달라는 건가?"

제자가 말했다.

"저는 입구에서 크고 잘생긴 사과 하나를 보았는데, 더 좋은 것이 얼마든지 있을 것 같아 그냥 지나쳤습니다. 그러다 보니 어느새 사과밭의 끝이었습니다. 되돌아갈 수도 없고, 결국 이렇게 형편없는 사과를 따오게 된 것입니다."

그러자 다른 제자들도 끼어들어 말했다.

"스승님, 저는 그 반대입니다. 사과밭 입구에서 크고 잘생긴 사과가 있어 땄습니다. 그런데 나중에 보니 더 좋은 사과들이 얼마든지 있었습니다."

모든 제자가 자신의 선택을 후회하고 있었다. 그때 소크라테스가 말했다.

"한 번 왔던 길을 되돌아갈 수도 없고, 한 번 선택한 것을 돌이킬 수도 없는 것, 그것이 인생이니라."

소크라테스의 말처럼 인생은 단 한 번뿐이다. 왔던 길을 되돌아갈 수도 없고, 한 번 선택한 것을 돌이킬 수도 없다. 한 번뿐인 인생을 후회 없이 살기 위해선 시간을 잘 관리해야 한다.

공부가 본분인 학생들 가운데 시간을 잘 안배하는 친구들이 있다. 그들은 남들이 "시간이 부족하다."라고 불평할 때도 우선순위 원칙을 정해 공부를 한다. 그 결과 그다지 분주하지 않으면서 성적도 상위권을 유지하게 된다. 공부 잘하는 우등생들의 7가지 비결이 있다.

첫째, 목표는 능력보다 20% 높게 설정한다.
둘째, 달력을 이용한다.
셋째, 우선순위를 정한다.
넷째, 희극과 비극의 시나리오를 만든다.
다섯째, 미루는 습관을 극복한다.
여섯째, 자투리 시간을 관리한다.
일곱째, 정리정돈을 잘한다.

모든 성공의 비밀은 시간 관리에 달려있다. 아무리 시간이 부족해도 시간을 어떻게 효율적으로 관리하느냐에 따라 고무줄 시간이 된다. 시간 관리 전문가는 "시간만 잘 관리해도 꼭 해야 할 일을 하기에 24시간이 부족하지 않다."라고 말한다. 그렇다. 우선순위를 정해 가장 중요한 일부터 하면 더 이상 시간에 쫓기는 일은 없다.

04 계획성 있는 사람이 되어라

농부는 겨울에 봄에 어떤 농작물의 씨를 뿌릴 것인지 계획해둔다. 그래서 포근한 봄이 오면 우왕좌왕하지 않고 미리 계획해놓은 대로 씨를 뿌리고 농사를 시작한다. 인생도 농사와 큰 차이가 없다. 봄에 해당하는 10대에 미리 무엇을 하고, 어떤 인물이 될 것인지 계획해두지 않으면 씨앗 심는 시기를 놓치고 만다.

세계적인 사업 철학가인 짐 론은 "계획을 끝마치기 전에 하루를 시작하지 말라. 계획을 완성하기 전에 한 주를 시작하지 말라. 계획을 준비하기 전에 한 달을 시작하지 말라"고 말했다. 계획은 정말 중요하다. 계획 없이 결코 생산적인 하루를 보낼 수 있다. 이런 비생산적인 하루하루가 모이면 한 달이 되고 1년이 되어 평생 후회하게 된다. 그래서 계획성 있게 살아야 하는 것이다.

〈법률저널〉에 '로스쿨 전형은 끈기 있고 소신 있는 사람에게 승산이 있다'는 제목의 합격자의 수기가 실렸다. 2010년 성균관대와 한양대 로스쿨에 동시 합격한 고려대 경영학과를 졸업한 글쓴이는 글에서 '계획적인 사람이 되라'고 조언하고 있다.

"어떤 일에서든 마찬가지겠지만, 특히 로스쿨 입시는 계획성 있게 준비하는 것이 필요하다. 리트, 논술, 면접의 공통점은 객관적으로 실력 향상을 확인하기 어려울 뿐더러, 단기간에 실력을 끌어올리는 것이 불가능하다. 성적이 오른 것을 확인했을 때의 그 성취감을 맛보기 어렵기에, 장기 계획을 세우고 그에 맞춰서 준비하지 않으면 중간에 제풀에 지쳐 쓰러지거나 방황하기 쉽다. 차일피일 조금씩 공부를 미루면 나중에 돌이킬 수 없는 것이 로스쿨 입시이다. 따라서 반드시 대략적으로나마 1년 장기 계획을 짜기를 권한다. 장기레이스에서는 마지막에 웃는 자가 진정한 승자이다. 절대 중간에 지쳐서 멈추거나 방황해서는 안 된다. 내 인생의 황금기에 소중한 1년이 날아갈 수 있음을 명심하자."

로스쿨 전형뿐 아니라 대학진학이나 자격증 시험에 합격하기 위해선 계획성 있게 준비하는 것이 중요하다. 시간은 한정되어 있기 때문에 짧은 시간에 많은 지식을 소화해야 한다. 그런데 계획표가 없다면 두서없이 공부하게 되어 원하는 목표에 도달하지 못하는 것이다.

공부에 계획성이 필요하듯이 성공하는 인생을 위해서도 계획성이 필요하다. 공부와 인생 계획성 없이는 죽도 밥도 되지 않는다는 말이다. 경영 컨설턴트 주디스 L. 조이스의 저서『심리학, 성공의 비밀을 말하다』에 보면 이런 일화가 나온다.

수잔 불은 1970년에 자신의 가게를 처음 열었다. 그때는 열심히 일하려는 의지만 있다면 모든 것이 가능한 시기였다.

"처음 사업을 시작할 때 두렵고 흥분되었어요. 도매 의류회사에서 일해 왔기 때문에 그 분야에 대해서는 누구보다 잘 알고 있었죠. 동업자인 재키는 경리와 임금 분야에 대해 잘 알고 있었어요. 우리는 물건 구매는 함께 하고 판매는 제가 담당했죠."

재키와 수잔은 가게를 열지 않는 날에도 임대료를 내야 하는 것이 아까워 일주일 내내 아침에 일어나면 바로 가게를 열었다.

"하루 종일 일했어요. 그리고 밤에는 가게를 새로 장식했죠. 물건을 사가지고 오면서 저는 운전을 했고 재키는 뒷좌석에서 물건을 정리했어요. 가게에 도착하면 바로 진열할 수 있게 했던 거죠."

사업은 성공적이었다. 이후 수잔은 여러 가게를 인수하여 운영하고 매각했다. 지금은 고객의 관심을 끌고 즐겁게 해주는 패션을 창출하는 데 헌신하고 있다.

이렇듯 계획성과 준비성이 있는 사람은 어디에서 어떤 일을 하더라도 잘 되게 되어 있다. 계획하고 준비하는 과정에서 다양한 리스크에 대한 대책을 세워놓기 때문이다. 따라서 시련이나 역경이 닥쳐도 오히

려 한 단계 도약하게 이끌어주는 디딤판이 되어준다.

나는 새벽 5시에 일어나 하루를 시작하는 편이다. 일어나 내가 가장 먼저 하는 일은 그날 해야 할 일을 일일 다이어리에 적는 것이다. 그날 원고는 몇 장이나 쓸 것이며, 어느 기업의 사보 칼럼을 쓸 것인지, 오후에는 어디에서 어떤 내용의 강연을 할 것인지 기록하는 것이다. 그렇게 그날 할 일을 다이어리에 적다 보면 해야 할 일의 우선순위를 알 수 있다.

여러분도 시간표를 작성해 생활하는 습관을 들여다보길 바란다. 시간표를 작성하면 다음과 같은 유익함이 있다.

제한된 시간 속에서 목표를 현실적으로 바라보게 된다. 그날의 시간을 예측하고 관리할 수 있기 때문에 적절하게 휴식시간을 안배할 수 있다. 가장 중요한 일이 무엇인지 알 수 있기 때문에 그것을 가장 먼저 처리할 수 있다. 여러 가지 일을 동시에 처리할 수 있다. 해야 할 일이 한눈에 보이기 때문에 적절한 대책을 세울 수 있다. 예상하지 못했던 상황에 대비해 예비시간을 안배할 수 있고, 적절하게 스케줄을 조정하여 다른 일을 할 수 있다. 시간표를 짜면 하루를 생산적으로 살 수 있다.

물론 때로 계획이 잘 실행되지 않을 때가 있다. 계획이 틀어지거나 실패하는 원인은 무엇일까? 유성은은 저서 『시간 관리와 자아실현』에서 그 원인을 이렇게 말한다.

"첫째는 의지박약, 무기력, 무능 때문이다. 둘째는 도전적이고 가치 있는 목표를 세우지 않았기 때문이다. 셋째는 중도에서 힘들고 방해되는 일들을 만나기 때문이다. 넷째는 기분에 좌우되기 때문이다. 다섯째는 너무 좋은 조건만 기다리다가 때를 놓치기 때문이다. 여섯째는 다른 중요한 일들이 발생하기 때문이다."

유성은은 계획을 실행하려면 다음과 같은 자세를 견지해야 한다고 충고한다.

1. 세운 목표가 합리적이고 실행 가능한가를 다시 확인한다.
2. 매일 조금이라도 계획한 일을 추진해나간다.
3. 달성한 것을 매일 체크한다. 매일 활동 내용과 나날의 발전 상황을 빠뜨리지 말고 기록하자.
4. 시시때때로 목표를 새롭게 바라보며 의욕을 되찾아야 한다. 시일이 지나면 목표도 희미해지기 때문이다.
5. 의지력을 강화한다. 의지력만 있으면 어떻게든 실행한다.
6. 마감 효과를 적절히 활용하는 것이 좋다. 마감 시각을 활용하면 시간이 얼마 남지 않았다는 절박감이 들게 되고 그것은 우리를 행동에 나서게 한다.

『영혼을 위한 닭고기 수프』의 저자 마크 빅터 한센은 "꿈과 목표를 종이 위에 기록하는 것, 그것이 가장 원하는 사람이 되기 위한 프로세스를 가동시키는 방법이다."라고 말했다. 여러분도 다이어리에다 그 날 할 일을 우선순위에 따라 적어보자. 그리고 그 순서에 따라 하나하나 처리해보라. 그러면 하루를 마감하면서 그동안 느껴보지 못했던 성취감과 뿌듯함을 느끼게 될 것이다.

05 지금 즉시, 행동에 옮겨라

동서고금을 막론하고 '즉시' 행동에 옮기지 않아 곤경에 처하거나 돌이킬 수 없는 일을 초래한 사람들이 있다. 그 가운데 '초패왕' 항우를 예로 들 수 있다. 항우는 자신의 비극적인 앞날을 예감해서인지, 틈만 있으면 자신보다 모든 면에서 열세인 유방을 죽이려고 했다. 하지만 그 계획은 뜻대로 되지 않았다. 항우에게 뛰어난 모사 범증이 있듯이 유방에게는 장량이 있었기 때문이다.

한 번은 항우가 유방을 죽이기 위해 그를 홍문이라는 곳으로 초대해서 잔치를 열었다. 유방이 신나게 술과 고기를 먹고 있을 때 먼저 범증이 그를 죽이기 위해 움직였다. 항우에게 유방을 죽이라는 신호를 보낸 것이다. 그러나 유방은 항우가 자신을 죽이려는 것을 눈치채고는 항우에게 거짓으로 충성을 맹세했다. 그러자 항우는 유방을 깔보게 되고 죽이지 않게 된다. 그제야 유방은 일촉즉발의 위기에서 빗이날 수 있었다.

　범증은 이대로 유방을 살려 보낸다면 훗날 크게 후회하게 될 것이라는 것을 알고 있었다. 그래서 범증은 항우의 조카 항장을 불러 분위기를 돋우기 위해 칼춤을 추게 했다. 이때 기회를 봐서 유방을 찔러죽이라는 명을 내렸다. 항장이 칼춤을 추기 시작하자 유방은 자신이 있는 곳이 사지라는 사실도 모른 채 술을 마시며 칼춤을 구경했다. 그때 장량의 친구인 항우의 숙부 항백이 나서서 항장과 함께 칼춤을 추는 것이 아닌가. 항백은 항장이 유방을 찔러 죽이려는 것을 눈치 채고, 항장의 칼을 막았다. 항장이 시간을 벌고 있는 사이에 모사 장량이 밖으로 나가서 장군 번쾌를 데리고 왔다. 그렇게 번쾌까지 가세해 세 사람이 어우러져 칼춤을 추기 시작했다.

　항우와 유방은 아무것도 몰랐지만 칼춤 추는 세 사람 사이에는 치밀한 머리싸움이 오고 가는 중이었다. 결국 칼춤은 중지되고 항우가 신나서 술을 들이키는 사이에 장량은 유방을 데리고 지옥 입구와 같았던 그곳을 빠져나갈 수 있었다.

　그때까지도 항우는 유방의 그릇을 깨닫지 못했지만, 범증은 일생일대의 기회를 놓친 것을 통탄했고, 결국 천하의 패자는 유방이 될 것이라고 예상했다.

　하지만 훗날 항우는 한나라 유방과의 마지막 전투에서 패하고 장강(長江)의 북쪽 기슭 작은 마을로 쫓기게 된다. 참모가 강을 건너 강동으로 돌아가 재기할 것을 권했으나 항우는 쓴웃음을 지으며 말했다.

"강동 젊은이 8,000명과 함께 강을 건너 서쪽으로 갔다가 지금 한 사람도 돌아오지 못했거늘, 내가 무슨 면목으로 그들의 부형을 보겠는가?"

자존심 때문에 강동으로 돌아가지 않은 항우는 마지막으로 유방에게 쫓겨서 고향인 강남의 오지역으로 도망하다가 해하에 이르렀다. 이미 군사의 수는 더욱 줄었고, 먹을 음식도 바닥이 나 유방의 한나라 군사들과 싸우다가 근처 성으로 피신하게 된다. 그 후 항우는 800명 남짓한 군사로 한나라 군사들의 포위망을 뚫고 도망쳤는데 그 과정에서 겨우 100여 명만 남았다. 그리고 다시 한나라 군사와의 전투에서 28명의 기병만 남게 되었다. 그는 남은 기병들에게 말했다.

'나는 군사를 일으켜서 지금까지 8년이 되었는데, 몸소 70여 차례의 전투를 하면서 일찍이 패한 일이 없었고 드디어 천하에 패권을 잡았다. 그러니 지금 여기에서 곤혹스럽게 되었지만, 이는 하늘이 나를 망하게 한 것이지 전투를 잘 못한 죄는 아니다.'

그는 다시 세 번 싸워 한나라 군사 수백 명을 죽임으로써 이를 증명했다. 하지만 시간이 지나면서 기력이 쇠해 더 이상 칼을 휘두를 기력도 남아 있지 않았다. 그 순간 예전에 부하였던 마동이 한나라 군사 속에 섞여서 자기를 잡으려고 온 것을 보게 되었다. 그는 옛 부하를 위해 스스로 자기 목을 베어서 자결함으로써 생을 마감했다.

내가 항우의 이야기를 이토록 길게 쓴 것은 단지 여러분에게 재미를 주기 위함이 아니다. 즉시 행동에 옮기지 않으면 머지않아 어떤 재앙이 닥칠지 모른다는 것을 일깨워주기 위함이다. 만약에 항우가 과거에 모사 범증의 조언대로 유방을 홍문의 잔치에서 죽였다면 그는 그렇게 억울하게 죽음을 당하지 않았을 것이다. 또한 천하는 그의 손에 떨어졌을지도 모른다.

즉시 행동함으로써 일생일대의 기회를 잡은 영웅도 있다. '로마 최고의 영웅' 가이우스 율리우스 카이사르이다. 그가 갈리아 지방 총독을 지내며 로마의 영토를 서유럽 일대까지 확장하자 로마 시민들 사이에서 그의 인기가 드높았다. 그러자 위기를 느낀 원로원은 카이사를 죽일 결심을 하고 그에게 군대를 해산하고 로마로 돌아오라는 명령을 내렸다.

카이사르는 그 명령이 자신을 제거하려는 원로원의 음모라는 것을 눈치챘다. 하지만 그렇더라도 원로원의 명령을 거역할 수도 없었다. 만일 그렇게 한다면 국법을 위반한 반역자가 되기 때문이다. 그는 로마로 돌아갈 수도, 불복할 수도 없는 상황에서 딜레마에 빠졌다. 카이사르의 군세는 중앙군에 비하면 열세였기에 로마로 돌아간다면 목숨이 위태롭고 불복한다면 국법을 위반한 반역자가 되기 때문이다.

고민 끝에 그는 결단을 내렸다. 전군을 향해 큰 소리로 외쳤다.

"주사위는 던져졌다!"

카이사르는 즉시 자신을 죽이려고 음모를 꾸민 원로원을 축출하기 위해 군대를 이끌고 루비콘 강을 건넜다. 중앙군은 그가 그렇게 일찍 루비콘 강을 건너리라 예상하지 못한 탓에 방비가 허술했다. 그리하여 그의 군대는 순식간에 로마를 장악할 수 있었다.

만일 카이사르가 즉시 루비콘 강을 건너지 않고 머뭇거렸다면 어떻게 되었을까? 그는 항우와 마찬가지로 비참한 최후를 맞았을 것이다.

여러분도 할 일이 있다면 즉시 행동에 옮겨보라. '조금 있다 하지 뭐.', '다음에 하면 돼.'라는 생각으로 미루다 보면 '게으름 병'에 걸리게 된다. 병 가운데 가장 무서운 병이 '게으름 병'이다. 아무리 원대한 꿈과 포부를 지녔더라도 '게으름 병'에 걸리면 공상가로 전락하고 만다.

공부할 것이 있다면 당장 공부하고, 지금 친구와의 약속이 있다면 망설임 없이 실행하라. 인생의 성공은 이런 사소한 실행으로 완성된다.

모든 일의 결과는 행동에서 비롯된다. 행동은 밭에 씨를 뿌리는 것과 같다. 결코 행동하지 않으면 어떤 결과도 바랄 수 없다. 지금 해야만 하는 일은 자신감 있게 행동하라.

다음에 소개되는 현대그룹의 창업자 고 정주영 회장의 '거북선' 일화를 통해 다시 한 번 행동의 중요성을 되새겨보자.

1971년 9월, 정주영 회장은 현대조선소의 설립 차관을 빌리러 영국에 가게 되었다. 그때 영국 버클레이 은행 관계자들이 정주영 회장에게 "현대 조선소는 선박 조선 경험은커녕 조선소 설비도 전혀 없이 부지만 확보했는데 무엇을 믿고 차관을 빌려주겠느냐?"라며 거절 의사를 표시했다.

그러자 정주영 회장은 주머니에서 거북선이 그려져 있는 500원짜리 지폐를 자랑스럽게 꺼내 보이며 말했다.

"이것이 우리 민족이 만든 거북선입니다. 이 철갑선을 우리는 영국보다 300년이나 앞선 1500년대에 만들었습니다."

그렇게 해서 정주영 회장은 자신감 있는 행동으로 영국 버클레이 은행에서 차관을 빌려 현대조선소를 건립할 수 있었다.

06 하루 25시 시테크로 삶이 바뀔 수 있다

    세월은 날아가는 화살과 같다. 나이를 먹을수록 세월이 얼마나 빨리 흐르는지 실감한다. 사실 10대 시절에는 종종 부모님이 "금세 나이가 30이고 40이다. 지금 공부할 수 있을 때 열심히 공부하라"고 말씀하셨다. 하지만 당시에는 지금처럼 세월이 빠를 줄이야 꿈에도 몰랐던 탓에 공부는 뒷전이고 노는 일에 더 관심이 많았다. 30대 중반을 사는 지금에야 부모님의 충고가 뼛속 깊이 사무친다.

    『장자』「지북유」편에 보면 '백구과극(白駒過隙)'이라는 고사성어가 나온다. 이 말은 '흰 망아지가 빨리 달리는 것을 문틈으로 본다'는 뜻을 가지고 있다. 쉽게 말해 그만큼 세월이 빠르게 지나간다는 말이다. 세월은 정말 눈 깜짝할 사이에 지나간다. 그래서인지 시간에 대한 위인들의 명언이 참 많다.

    "내가 헛되이 보낸 오늘 하루는 어제 죽어간 이들이 그토록 바라던

하루이다. 단 하루면 인간적인 모든 것을 멸망시킬 수 있고 다시 소생시킬 수도 있다." - 소포클레스(그리스 작가)

"시간을 최악으로 사용하는 사람들은 시간이 부족하다고 늘 불평하는 데 일인자이다." - 장 드 라 브뤼에르(프랑스 작가)

"시간의 걸음걸이에는 세 가지가 있다. 미래는 주저하면서 다가오고, 현재는 화살처럼 날아가고, 과거는 영원히 정지하고 있다." - F. 실러(영국의 철학자)

"그대는 인생을 사랑하는가? 그렇다면 시간을 낭비하지 말라. 왜냐하면 시간은 인생을 구성한 재료니까. 똑같이 출발하였는데 세월이 지난 뒤에 보면 어떤 사람은 뛰어나고 어떤 사람은 낙오자가 되어 있다. 이 두 사람의 거리는 좀처럼 접근할 수 없는 것이 되어 버렸다. 이것은 하루하루 주어진 시간을 잘 이용했느냐, 이용하지 않고 허송세월을 보냈느냐에 달려 있다." - 벤자민 프랭클린(미국의 정치인)

러시아 곤충분류학자 알렉산드르 알렉산드로비치 류비셰프라는 시간을 단 1초도 낭비 없이 가장 효율적으로 썼다. 그는 주어진 모든 시간을 단 1분도 빠뜨리지 않고 기록하여 통계를 남겼을 정도이다. 평소 비생산적인 시간이 있으면 절대 안 된다는 게 류비셰프의 지론이었다. 그래서 그는 시간 관리에서 아주 독한 면을 가지고 있었다.

사람들은 흔히 20대에는 시간이 시속 20㎞로 달리고, 40대에는 40㎞로 흐르며, 60대가 되면 60㎞로 달리는 것 같다고 말한다. 왜 나이차이에 따라 시간에 대한 느낌이 다른 걸까? 이에 대해 네덜란드 심리학자 다우베 드라이스마는 세 가지 현상으로 설명한다.

첫 번째는 '망원경 효과'이다. 망원경으로 물체를 보게 되면 실제 물체와의 거리보다 훨씬 가깝게 느껴진다. 마찬가지로 과거를 기억할 때 일어났던 사건의 시기보다 더 나중의 일로 여겨지는 현상을 뜻한다. 현재와 가까운 일처럼 인식하는 효과로 인해 '시간 축약' 현상이 일어난다는 것이다.

두 번째는 '회상 효과'이다. 노인들의 기억을 테스트해보면 대부분 정상적인 망각곡선에서 20대 전후 부분이 돌출된다는 것을 알 수 있다. '내가 처음 ○○했을 때'처럼 자신만 이해할 수 있는 '기억의 표지'가 많은 부분이 기억에 오래 남으며 중년 이후에는 이런 표지들이 점차 감소하는 것 때문이다.

마지막으로는 나이를 먹으면서 느려지는 '생리시계'를 들 수 있다. 미국 신경학자 피터 맹건은 나이에 따라 시간에 대한 감지가 다르게 나타나는 것을 알아냈다. 그는 9~24세, 45~50세, 60~70세 연령대별로 3분을 마음속으로 헤아리게 했다. 20세 전후의 젊은이들은 3분을 3초 이내에서 정확히 알아맞혔지만 중년층은 3분 16초, 60세 이상은 3분 40초를 3분이라고 말했다. 나이가 들수록 도파민 분비가 줄어 중뇌에 자리한 인체시계가 느려지기 때문이다.

나는 '20대에는 시간이 시속 20㎞로 달리고, 40대에는 40㎞로 흐르며 60대가 되면 60㎞로 달린다.'라는 말에 두려움마저 느낀다.

현재 내가 시간에 대해 실감하는 것과 일치하기 때문이다. 정말 '이대로 살아선 안 되겠다'는 위기의식과 함께 '좀 더 인생을 생산적으로 살아야겠다'는 자극도 되었다.

하지만 어떻게 사는 것이 시간을 효율적이고 생산적으로 사는 것일까? 다음 일화에서 그 해답을 찾을 수 있다.

어느 명문 대학의 경영학과 교수가 수업 시간에 학생들에게 강의를 하고 있었다. 교수는 자신의 주장을 학생들에게 자세하게 설명하기 위해 구체적인 예를 들어 설명했다. 교수가 학생들에게 말했다.

"여러분, 퀴즈를 하나 풀어 봅시다."

교수는 테이블 밑에서 커다란 항아리를 하나 꺼내 테이블 위에 올려놓았다. 그리고 주먹만 한 돌을 꺼내 항아리 속에 하나씩 집어넣기 시작했다. 항아리는 차츰 돌로 가득 채웠다. 교수가 학생들에게 물었다.

"여러분, 지금 항아리가 가득 찼습니까?"

학생들은 항아리를 쳐다본 후 대답했다.

"예, 가득 찼어요."

학생들의 대답에 교수는 의아해하면서 다시 물었다.

"여러분, 정말입니까?"

잠시 후, 교수는 다시 테이블 밑에서 조그만 자갈을 몇 개 꺼냈다. 그리고 항아리 속에 넣고 주먹만 한 돌 사이에 차곡차곡 들어가도록 항아리를 흔들었다. 그러자 주먹만 한 돌 사이에 조그만 자갈이 가득 채워졌다. 교수는 다시 학생들에게 물었다.

"이 항아리가 가득 찼습니까?"

교수의 물음에 눈이 휘둥그레진 학생들은 고개를 갸우뚱하며 다시 대답했다.

"글쎄요."

빙그레 웃으며 교수는 말했다.

"좋습니다."

교수는 다시 테이블 밑에서 모래주머니를 꺼냈다. 그리고 모래를 항아리에 넣고 항아리를 다시 흔들었다. 그러자 주먹만 한 돌과 자갈사이는 빈틈없이 채워졌다. 항아리가 주먹만 한 돌과 자갈, 그리고 모래로 가득 채워진 것을 확인한 교수가 다시 물었다.

"여러분, 이 항아리가 가득 찼다고 생각합니까?"

학생들은 이번에는 다르게 대답했다.

"아니요."

그제야 교수는 환하게 웃으며 말했다.

"그렇습니다."

교수는 전체 학생들을 바라보며 물 한 주전자를 항아리에 부었다. 물이 항아리 속에 있는 모래 속으로 모두 스며들자 학생들에게 물었다.

"이 실험의 의미가 무엇이라고 생각합니까? 혹시 아는 학생 있으면 손 들어보세요."

잠시 후 한 학생이 즉각 손을 들더니 대답했다.

"아무리 바쁘더라도 시간을 아껴 쓰고 절약한다면 다른 일도 함께 할 수 있다는 뜻입니다."

교수는 살며시 고개를 저으며 말했다.

"여러분, 제가 이 실험을 여러분에게 말하고자 하는 것은 그게 아닙니다."

교수는 뜸을 들인 후 다시 말을 이었다.

"이 실험이 우리에게 주는 의미는 다음과 같습니다. 만약 여러분이 큰 돌을 먼저 넣지 않는다면, 영원히 큰 돌을 넣지 못할 것이란 것입니다. 쉽게 말하면 지금 해야 할 일을 하지 않으면 언제까지나 할 수 없다는 말입니다."

일화의 핵심은 '중요한 일은 미루지 말고 지금 당장 하라는 것'이다. 지금 할 일을 미루기에는 인생이 그다지 길지 않다. 더군다나 10대에 할 일을 20대에 할 수 없다. 또한 20대에 할 일을 30대, 40대에 할 수 없다. 그 나이에 맞는 일들이 산더미처럼 기다리고 있기 때문이다.

내가 강연을 마치고 나서 종종 사람들에게 "10대 시절에 가장 후회되는 것이 무엇입니까?" 라고 물어보면 가장 많이 나오는 대답이 '공부'였다. 학창시절에 더 열심히 공부했더라면 더 좋은 대학을 나와 더 나은 직장을 다닐 테고, 그랬다면 지금보다 훨씬 많은 기회를 잡았을 것이라고 후회한다.

10대 시절은 사계절로 비유한다면 봄과 같다. 어느새 봄은 지나고 초여름이 된다. 10대 시절이 언제까지나 지속될 것이라는 착각에서 벗어나야 한다. '백구과극(白駒過隙)', 세월은 '흰 망아지가 빨리 달리는 것을 문틈으로 보는 것과 같다.'라는 것을 기억하라.

영원히 살 것처럼 배우고, 내일 죽을지 모르는 것처럼 산다면 후회 없는 인생을 살 수 있다.

참고 문헌

- 『시간관리와 자아실현』, 유성은, 중앙경제평론사
- 『히딩크 파워학습법』, 유성은, 서교출판사
- 『프로페셔널의 조건』, 피터 드러커, 청림출판
- 『심리학, 성공의 비밀을 말하다』, 주디스 L. 조이스, 더숲

여러분의 몸값은 100조 원이다

생각만 해도 가슴이 터질 것 같은 꿈을 가져야 한다. 아무리 거창해도 좋다. 꿈이 어떻게 해서 이루어질지에 대해서는 절대 의문을 가져선 안 된다. 꿈은 반드시 실현되기 위해 있는 것이기 때문이다. 지금 이 세상에 있는 모든 것들은 과거 누군가의 꿈이 현실이 된 것이다.

나는 가끔 나의 10대의 시절을 돌이켜본다. 왜 그때는 하루살이처럼 생각하고 행동했는지, 후회와 아쉬움이 가득하다. 만일 내가 다시 10대의 시절로 돌아갈 수 있다면 목표와 꿈을 명확히 설정해서 최선을 다할 것이다. 학창시절을 어떻게 보내느냐에 따라 미래는 현저히 달라지기 때문이다.

세계적인 영화배우 성룡은 세계적인 영화배우가 된 후 한 대학에서 명예박사 학위를 받게 되었다. 그 때 그는 다음과 같은 이야기를 했다.

　"지금 이 강당에 계신 분 가운데 저보다 학력이 낮은 분은 단 한 분도 계시지 않을 겁니다. 저는 초등학교를 중퇴했습니다. 너무나 가난해서였습니다. 그래서 언젠가 내가 돈을 많이 벌어 때가 되면 원 없이 공부만 하겠다고 어린 시절 결심했지요. 저는 열심히 일했고 또 운이 따랐습니다. 그래서 공부를 하려고 했어요. 하지만 아무리 애써도 머리에 들어가지 않더군요. 공부에는 다 때가 있다는 것을 깨달았어요. 여러분, 특히 학생 여러분, 지금 여러분이 학생이라는 것을 다행스럽게 생각하세요."

　성룡이 왜 뒤늦게 공부를 하려고 했을까? 학창시절, 가난으로 공부를 하지 못했던 '한' 때문이다. 그러나 여러분은 마음껏 공부할 수 있다. 지금 자신이 얼마나 행복한 사람인지 잘 알지 못한다. 훗날 사회인이 되었을 때 어느 날 문득 행복했던 10대 시절이 지나쳐왔다는 것을 깨닫게 된다.

　미국의 국무장관 힐러리 클린턴은 "성적이 미래를 보장해주지는 않는다. 그러나 공부마저 못한다면 미래는 없는 것이나 마찬가지다."라고 말했다. 꿈과 공부 사이에서 미래가 결정된다. 성공한 사람들은 꿈과 공부라는 두 마리의 토끼를 잡아야 꿈꾸는 인생을 살 수 있다고 조언한다. 나 역시 10대들에게 꿈이라는 큰 그림을 설정하고 공부라는 노력을 기울일 때 장밋빛 미래가 펼쳐진다고 말한다.

아무리 학원을 다니고 죽어라 공부를 해도 성적이 오르지 않아 고민이라면 분당 최고의 수학학원인 〈김도사수학〉을 찾아오길 바란다. 왜 공부가 되지 않는지, 성적이 제자리 걸음인지에 대한 진단과 함께 진로에 대한 조언을 아끼지 않겠다. 현재 많은 10대들이 〈김도사수학〉에서 수학 성적과 꿈과 진로라는 세 마리 토끼를 잡고 있다.

여러분 가운데 힘든 가정 형편과 불안한 미래, 낮은 자존감, 열등감 등으로 힘들어하는 사람들이 있을 것이다. 내가 하고 싶은 말은 모든 사람들은 저마다 고민을 안고 살아가고 있다는 것이다. 삶은 문제점들을 개선해나가는 과정이다. 미래가 불안하고 아무리 힘들어도 꿈과 올바른 가치관만 있다면 희망을 가질 수 있다. 단지 나만을 위하는 것 rmr 아닌 타인들을 위하는 마음가짐, 돈보다는 인간관계, 행복, 성취감에 행복을 느끼는 마음 자세를 가져보자. 올바른 가치관은 숱한 실패 속에서도 마침내 성공의 꽃을 피우게 한다.

우리는 습관 속에서 살아간다. 따라서 매일 반복하는 그 습관이 좋은 습관, 성공하는 습관이라면 성공은 이미 예약해놓은 거나 다름없다. 항상 자신에게 유익한 좋은 습관, 성공하는 습관을 몸에 배도록 노력해야 한다. 10대 시절에 몸에 배는 습관들은 평생을 간다. 좋은 습관은 여러모로 꿈을 이루거나 행복한 삶을 살아가는 데 유익함을 안겨준다. 반대로 좋지 못한 습관은 나의 꿈과 목표를 방해하고 자꾸만 인생이 꼬이게 만든다. 안타깝게도 대부분 10대 시절에 아무런 생각 없이 가지게 된 옳지 않은 습관 때문에 인생이 더 나아지지 못하거나 망가지고 있다. 나는 여러분의 몸값은 100조 원이라고 생각한다. 세상에서 가장 귀한 보석이 바로 여러분 자신이다. 스스로를 특별하고 귀하게 여길 줄 알아야 한다. 세상은 스스로를 존중하고 사랑하는 사람을 중심으로 돌아가게 마련이다.

나는 현재 유튜브 채널 〈김도사TV〉, 〈네빌고다드TV〉를 운영하고 있다. 한 달여 만에 구독자가 1,000명이 넘는 등 폭발적인 인기를 얻고 있다. 나는 바쁜 가운데 꿈과 진로, 동기부여, 성공, 내가 소유하고 있는 슈퍼카 페라리, 람보르기니 등에 대해서 지속적으로 업데이트하고 있다. 꾸준히 시청한다면 자신에게 맞는 꿈을 찾게 되고 강한 열정이 생겨나리라 확신한다. 현재 2만 명이 활동하고 있는 네이버 카페 〈한국책쓰기1인창업코칭협회〉에도 초대하고 싶다. 나는 여러분이 스스로에게 기회를 주는 사람이 되길 소망한다.

2019년 1월

김도사